Doris und Wilfried Schulte
Kleine Stärkungen
52 gute Gedanken für jede Gelegenheit

Doris und Wilfried Schulte

Kleine Stärkungen

52 gute Gedanken für jede Gelegenheit

Doris und Wilfried Schulte
Kleine Stärkungen
52 gute Gedanken für jede Gelegenheit

Bestell-Nr. 271103
ISBN 978-3-86353-103-4
Soweit nicht anders vermerkt,
wurde die folgende Bibelübersetzung verwendet:
Revidierte Elberfelder Bibel © 1985/1991/2008 SCM
R.Brockhaus im SCM-Verlag GmbH & Co. KG, Witten

Darüber hinaus wurden die folgenden Übersetzungen verwendet:
NeÜ bibel.heute, © 2010 Karl-Heinz Vanheiden,
www.kh-vanheiden.de, Alle Rechte vorbehalten
Gute Nachricht Bibel, revidierte Fassung, durchgesehene
Ausgabe in neuer Rechtschreibung,
© 2000 Deutsche Bibelgesellschaft, Stuttgart. (GNB)

Dieses Buch erschien zunächst unter demselben Titel bei
SCM R.Brockhaus im SCM-Verlag GmbH & Co. KG
Bodenborn 43 · 58452 Witten

4. Neuauflage 2022
© 2014 Christliche Verlagsgesellschaft, Dillenburg
www.cv-dillenburg.de
Satz: Christliche Verlagsgesellschaft Dillenburg
Umschlaggestaltung: René Schulte
Druck: GGP Media GmbH, Pößneck
Printed in Germany

Wenn Sie Rechtschreib- oder Zeichensetzungsfehler entdeckt
haben, können Sie uns gerne kontaktieren: info@cv-dillenburg.de

Inhalt

Vorwort

Manchmal kann das Leben ganz schön herausfordernd sein. Wir kommen an unsere Grenzen. Suchen nach neuer Kraft und Orientierung. „Der Alltag ist nur durch Wunder erträglich", schrieb der Schriftsteller Max Frisch. Doch wer rechnet heutzutage noch mit Wundern? Und wer lenkt uns den Blick auf einen Gott, der helfen kann?

Doris und Wilfried Schulte leben aus dem Vertrauen auf diesen Gott. Und sie sind wundervolle Wegweiser. Ich kenne sie seit Jahren. Die beiden haben ein ausgefülltes, häufig vollgepacktes Leben. Und sie kennen die Höhen und Tiefen des menschlichen Daseins. Ihre Gelassenheit und Heiterkeit beeindrucken mich immer wieder. Mitten in den täglichen Herausforderungen – bei der Arbeit und im Privaten, zwischen Stromausfall und Handyklingeln, Kindergeschrei und Umzugskisten – erwarten und erleben sie das Handeln Gottes. Die Impulse, die die beiden in diesem Buch geben, sind realistisch, berührend und inspirierend. Sie laden ein zum Glauben, machen Mut, Vertrauen zu wagen, und holen die biblische Weisheit mitten ins moderne Leben.

„Rede mit Gott über alles, was dir auf dem Herzen liegt. Dann sage Amen und geh in Ruhe deinem Alltag und deinen Alltagsbeschäftigungen nach. Es ist in

deinen Alltagsbeschäftigungen, wo Gott dich weiterführen und zum Ziel bringen wird." Dieses Zitat des
Predigers Oswald Chambers findet sich in einer der
„kleinen Stärkungen", die Doris und Wilfried Schulte
zuerst im Magazin *Neues Leben* und jetzt in diesem Band
veröffentlicht haben. Das Zitat ist gleichzeitig auch die
Quintessenz des ganzen Buches. Und ein Leitwort für
ein gelingendes Leben.

Dr. Rainer Schacke,
Chefredakteur *Neues Leben*

1

Auf die Plätze – fertig – ruhig!

Wir leben in einer lauten Welt: Handys, Radio, CDs, Navi-Stimmen und Autobahngeräusche gehören zu unserem Leben im Außendienst. In unserem Büro gibt es Telefone, Computer und MP3-Player. Und zu Hause erwartet uns neuerdings das herausfordernde Lachen oder Weinen unserer Enkelkinder. In dieser Welt kann die Stille sogar zur Bedrohung werden oder zumindest unangenehm, weil wir sie nicht mehr gewohnt sind.

Der Verlust unserer kostbaren Stille ist aber so schwerwiegend wie der Verlust unseres Gedächtnisses – und genauso verwirrend. Die Stille ist letztlich das natürliche Umfeld, in dem wir hören und aus dem heraus wir sprechen. Für uns als Christen hat sie sogar eine ganz besondere Bedeutung. Denn sie dient nicht nur dazu, dass wir in uns hineinhören, sondern vielmehr auch dazu, dass wir auf Gott hören.

Wenn wir Stille vor Gott erleben möchten, müssen wir aber auch von „Zeit zu Zeit" und von „Fall zu Fall" mal „Nein" sagen – selbst zu guten Dingen. Von unserem Vorbild Jesus lesen wir in der Bibel, dass er sich immer wieder an einsame Orte zurückzog, um in Gedanken ganz nahe bei Gott zu sein. Er suchte Gott, der Ruhe, Ordnung und Weisheit in sein Leben brachte.

Diese Zeit bewirkte eine solche Ausstrahlungskraft bei Jesus, dass seine engsten Freunde baten: „Herr, lehre uns beten!" Sie sagten nicht: „Herr, lehre uns heilen oder Wunder zu tun oder tolle Vorträge zu halten!" Nein – sie haben erkannt, dass das Geheimnis Jesu in der Gemeinschaft und im Gespräch mit Gott lag.

Die Tür zur Stille ist für jeden die Sehnsucht nach dem Gott der Bibel, der uns retten und zur tiefen Ruhe bringen kann. Manchmal beruhigt er unsere Lebensumstände, manchmal uns selbst.

Trotzdem müssen wir aufpassen, dass wir unserer Sehnsucht nicht selbst im Wege stehen, zum Beispiel durch eine verkehrte Blickrichtung: Wir sehen viel zu schnell unsere Aufgaben anstatt den Auftraggeber – Gott selbst. Unsere Beschäftigungen können uns viel Freude und Anerkennung geben, uns aber auch so gefangen nehmen, dass sie uns wichtiger sind als Gott, der uns erst zu unseren Aufgaben berufen und befähigt hat. Gleiches gilt für eine unrealistische Selbsteinschätzung: „Ohne mich geht nichts!" Das würden wir nie laut sagen, aber leider handeln wir oft so. Wer jedoch nicht loslässt, findet nicht zur Stille.

Stille, Perspektive und Kraft kommen selten oder nie von alleine. Wir müssen sie suchen. Die Kraft der Stille liegt nicht in irgendeiner geräuschlosen Ruhe, sie liegt in Gott. Sie liegt in der persönlichen Begegnung, in der Gott seinen Finger auf die Unordnung und Unruhe unseres Lebens legen und uns seine Heilung und Ordnung zusprechen darf.

2

Gnade – mal anders

Ein Bekannter von uns ist anscheinend sehr fotogen. Jedenfalls bekommt er mehr Fotos zugeschickt, als ihm lieb ist. Jedes Foto zeigt ihn dabei in seinem Auto, wie er hinter dem Lenkrad sitzt. Schon zwei Mal musste er darum innerhalb eines Jahres seinen Führerschein abgeben. Beim zweiten Mal legte er – ohne zu zögern – Einspruch ein. Seine Begründung: Das hohe Strafmaß komme nur deshalb zustande, weil er in demselben Jahr schon einmal zu schnell unterwegs gewesen sei. Die Argumentation vor dem Richter schien logisch: Da er bereits für das erste Vergehen seine Strafe bezahlt habe, sei es abgegolten. Es dürfe also nicht noch einmal in die Berechnung der neuen Strafe einbezogen werden. Aber der Richter, der wusste, dass unser Bekannter im kirchlichen Dienst tätig war, sagte: „Als Christ verstehe ich ihr biblisches Verständnis von Gnade, aber dieses Verständnis ist nicht Teil unserer staatlichen Rechtsprechung."

Gottes Konzept der Gnade ist anders. Sie steht für einen vollkommenen Freispruch ohne versteckte Auflagen. Sein Angebot heißt: „‚Ich werde ihnen meine Gesetze in Herz und Gewissen schreiben', spricht der Herr. [...] ‚Nie mehr werde ich an ihre Sünden und ihre Gesetzwidrigkeiten denken'" (Hebräer 10,16–17; NeÜ). Und noch schöner: „Er wird sich wieder über uns erbarmen, wird unsere Schuld niedertreten. Und du wirst alle ihre Sünden in die Tiefen des Meeres werfen" (Micha 7,19). Das heißt, Gott stellt dazu ein Schild für uns persönlich auf (und für alle anderen auch), auf dem steht: „Fischen verboten!"

Wie gut, dass Gott so anders ist als wir Menschen. Wie gut, dass Gottes Gnade so anders ist! Er vergibt und spricht uns frei. Um seiner Gerechtigkeit zu genügen, übernimmt Gott selbst die Kosten, die wir nie selbst zahlen könnten. Dafür gab Jesus sein Leben am Kreuz von Golgatha.

Gottes Gnade geht noch einen Schritt weiter. Er ordnet nicht nur unsere Vergangenheit – er befreit uns zu einem echten Neuanfang. Er schenkt uns den Mut und die Kraft, unser Leben, unseren Alltag, unsere Beziehungen neu anzugehen. Wie ein Navigationsgerät uns den Weg zeigt, so wird Gott den Menschen führen, der ihm glaubt, der sein Wort liest und der sein Denken, Fühlen und Handeln darauf aufbaut.

Und sollte unsere fotogene Seite dann doch noch zutage treten, dann dürfen wir wissen: Gottes Gnade genügt ganz gewiss!

3

Setzen Sie die Segel richtig

....

Die richtige Entscheidung zu treffen ist nicht immer leicht. Es stimmt: Wer die Wahl hat, der hat die Qual. Dabei sind es aber nicht nur die großen Entscheidungen, die unser Leben prägen. Welche Schule oder Ausbildung ist die richtige für mich? Wie finde ich echte Freunde? Mit wem will ich mein Leben teilen? Sollen wir bauen oder mieten? Soll ich meine Arbeitsstelle noch einmal wechseln?

Es sind oft die vielen kleinen, unbewusst und intuitiv getroffenen Entscheidungen, die von meiner Grundeinstellung und meinen Werten geprägt sind. So finden wir uns manchmal in Lebenssituationen wieder, in denen wir nie sein wollten. Dann wird gejammert und geschimpft und wir hadern mit unserem Schicksal. Dabei haben unsere Entscheidungen uns geführt.

„Die Winde des Schicksals" heißt auch ein Gedicht von Ella Wheeler Wilcox. Frei übersetzt sagt es: „Ein Schiff segelt gen Osten, ein anderes gen Westen. Dieselben Winde treiben sie voran. Es ist die Ausrichtung der Segel, die uns den Weg weist, und nicht der Wind. Wie die Winde des Meeres, so sind die Wege des Schicksals. Auf unserer Reise durchs Leben bestimmt die Ausrichtung der Seele unsere Richtung und unser Ziel, nicht etwa die schicksalhafte Stille oder die Stürme des Lebens."

Die Ausrichtung unserer Seele ist vom Ziel her bestimmt. Und wo kein Lebensziel vorhanden ist, da fehlen auch die Lebensmitte und der Lebenskurs.

Die Suche nach dem Weg durchs Leben ist nicht neu. Schon der Prophet Jeremia sagte zum Volk Israel: „So spricht der HERR: Tretet auf die Wege, seht und fragt nach den Pfaden der Vorzeit, wo denn der Weg zum Guten sei, und geht ihn! So werdet ihr Ruhe finden für eure Seelen. Aber sie sagen: Wir wollen ihn nicht gehen" (Jeremia 6,16). Die Pfade der Vorzeit – auf ihnen geht es zurück zum Anfang: Der Mensch ist für die Gemeinschaft mit Gott erschaffen (1. Korinther 1,9). Das Lebensziel ist die Ruhe, die aus der ewigen Gemeinschaft mit Gott kommt. Ewiges Leben ist eine Sehnsucht, die wir in unserer auf das Heute fixierten Zeit nicht mehr vor Augen haben. Und doch brennt in unserem Herzen die Sehnsucht nach Ruhe für unser Leben (Hebräer 4).

Wenn ich die Segel meiner Seele auf Gott ausrichte, dann werden die Schicksalswinde des Lebens mich nicht vom Kurs und Ziel abbringen können. Im Gegenteil: Gott nutzt die Böen des Lebens, um uns zum Ziel zu bringen. Allein die Entscheidung, unsere Seele in den Wind Gottes zu stellen, kann uns keiner abnehmen.

4

Thermometer oder Thermostat?

....

Es gibt zwei Arten von Menschen: Entweder sind wir ein Thermometer oder ein Thermostat.

Menschen, die wie ein Thermometer funktionieren, registrieren einfach das, was um sie herum passiert. Wenn Umstände gespannt und stressig sind, registrieren sie Anspannung. Wenn es stürmt, registrieren sie Besorgnis und Angst. Und wenn es ruhig und bequem ist, registrieren sie Entspannung und Zufriedenheit.

Menschen hingegen, die wie ein Thermostat funktionieren, regulieren die Atmosphäre. Sie sind die reifen Veränderer, die nie zulassen, dass die Umstände sie bestimmen. Sie grübeln nicht. Sie jammern nicht. Wenn sie mit „fetten Jahren" gesegnet werden und gute Tage erleben, reagieren sie nicht beschämt, so als wären sie dessen unwürdig. Sie haben eine grundsätzliche Freude und positive Einstellung bezüglich des Lebens und kommen in jeder Lage zurecht, ohne dass ihr emotionales oder spirituelles Leben angeknackst wird.

Wahrscheinlich will jeder lieber ein Thermostat sein. Und das ist nicht nur gut, sondern auch tatsächlich möglich. Man kann es lernen, ein Thermostat zu sein. Der Apostel Paulus hat im Philipperbrief geschrieben: „Ich habe gelernt, mit dem zufrieden zu sein, was ich habe.

Ich kann in Armut leben und mit Überfluss umgehen. Ich bin in alles eingeweiht. Ich weiß, wie es ist, satt zu sein oder zu hungern; ich kenne Überfluss und Mangel. Durch den, der mich stark macht, kann ich in allem bestehen" (Philipper 4,11b–13; NeÜ).

Paulus wurde nicht als „Thermostat" geboren. Auch ihm wurde die Fähigkeit, die Atmosphäre zu regulieren, nicht einfach so in den Schoß gelegt. Er musste das erst lernen. Er lernte, fröhlich und zufrieden zu sein – ob es draußen freundlich war oder nebelig und kalt; ob andere ihm ihr Wohlwollen zeigten oder Missgunst. Er wählte immer wieder die Freude – unter allen Umständen.

Mit und durch Jesus Christus konnte Paulus alles. Nicht durch eine zusätzliche Ausbildung, nicht durch ein höheres Einkommen, nicht durch ein bisschen mehr Erfolg, nicht durch viele Talente oder bestimmte Kontakte – nur durch Jesus! Sein Leben mit Jesus Christus begann mit seiner persönlichen, vertrauten Beziehung zu ihm, die er kontinuierlich pflegte. Seine grundsätzliche Lebensfreude wurde zum Lebensstil und wirkte sich positiv auf andere Menschen aus.

Der Wunsch, ein Thermostat zu sein, ist eine Wahl – eine Entscheidung, die wir immer und immer wieder treffen müssen. Es ist kein Paket, das uns jeden Morgen an die Tür geliefert wird. Unsere Lebensumstände machen uns wahrlich nicht immer fröhlich! Wenn wir nur auf einen optimalen Zustand warten, werden wir nie wirklich froh sein.

„Gott sei Dank" müssen Dinge nicht erst perfekt oder fast perfekt sein, bis wir uns für die sonnige Seite des Lebens entscheiden können. Die sonnige Seite bestimmt jedes Leben, das Gott immer und überall in der Hand hat.

5

Himmlischer Rollentausch

....

Scheinbar sieht der Rasen auf der anderen Seite des Zaunes immer schöner aus. Neidvoll, aber auch hoffnungsvoll sehnt man sich nach dem, was der andere hat, nach einer Veränderung, die das Leben erfüllt. Wir Menschen sind auf der Suche, und manche suchen diese Veränderungen in einem „anderen" Leben. Das Fernsehen hat sich diese Sehnsucht zunutze gemacht und lässt Menschen für einige Tage in das Leben eines anderen schlüpfen.

Rollentausch. Eine Mutter, die in der Stadt wohnt, tauscht mit einer Mutter, die auf einem Bauernhof auf dem Land lebt. Da treffen Welten aufeinander. Doch solch ein Rollentausch kann auch Verständnis für die Situation des jeweils anderen entstehen lassen, sodass das Miteinander harmonischer werden kann und in manchen Fällen auch wird. Ganz nach dem alten indianischen Sprichwort „Großer Geist, bewahre mich davor, über einen Menschen zu urteilen, ehe ich nicht eine Meile in seinen Mokassins gegangen bin."

Aber woher kommt dieser Wunsch nach Veränderung? Daher, dass wir uns insgeheim eine Verbesserung unseres Lebens wünschen? Denn wenn sich etwas ändern soll, dann doch zum Besseren. Wenn wir schon tauschen, dann wollen wir aber bitte schön ein „Upgrade" – wir möchten im Flieger des Lebens von der

„Economy Class" in die höhere „Business Class" wechseln, aber doch nicht umgekehrt! Außer vielleicht, wenn es das Leben angenehmer macht, wenn weniger mehr ist. Ansonsten passt ein „Downgrade", ein Abstieg in die billigere Klasse, eher nicht in das Bild, das wir von erfolgreichen Menschen haben.

Wir scheinen nur noch Vergleichsformen zu kennen: schneller, schöner, größer und besser. Gott jedoch stellt dieses Weltbild komplett auf den Kopf. Bei ihm gibt es kein „Upgrade", bei ihm steht „Downgrade" im Mittelpunkt. Der Schöpfer des Universums kommt selbst auf die Erde herunter. Gott lässt sich ein auf Raum und Zeit und begrenzt sich selbst. Das ist nicht eben ein kleines Opfer. In der Bibel wird es so beschrieben: „Er war genauso wie Gott und hielt es nicht gewaltsam fest, Gott gleich zu sein. Er legte alles ab und wurde einem Sklaven gleich. Er wurde Mensch und alle sahen ihn auch so" (Philipper 2,6–7; NeÜ).

Jesus tat das, weil er wusste, dass wir ein „Upgrade" brauchen. Jesus sagte und zeigte, dass er gekommen war, um uns das Leben in ganzer Fülle zu schenken. Zum Ende seiner Zeit auf dieser Erde betete er für die Menschen und sagte zu seinem Vater: „Die Herrlichkeit, die du mir gegeben hast, habe ich ihnen gegeben, dass sie eins seien, wie wir eins sind" (Johannes 17,22). Genau das ist das Geschenk zu Weihnachten: eine Einladung zur Gemeinschaft mit Gott, zu ewigem Leben, zu Liebe, Freude, Hoffnung und Kraft. Dafür hat er nicht nur alles zurückgelassen, nicht nur eine Rolle getauscht, dafür hat er alles gegeben – sein Leben.

6

Leben nach Wunsch

Für die meisten Paare gibt es kaum einen schöneren Tag in ihrem Leben als den Hochzeitstag. Es wird so viel geplant, gemacht und investiert, damit dieser Tag auch unvergesslich bleibt und allen rundum gut gefällt. Auch der Bräutigam und die Braut geben sich sehr viel Mühe, damit sie von Kopf bis Fuß tadellos und wunderschön gekleidet und geschmückt sind. So schön, dass der Beifall und die Anerkennung nicht ausbleiben. Jedes Brautpaar ist zweifellos eine bezaubernde Augenweide für alle Anwesenden.

Die Bibel sagt uns, dass wir nicht nur unseren Körper, sondern auch unser ganzes Leben schmücken können. Wir können unser Leben mit auserlesenen und wertvollen Schmuckstücken so schön und ansprechend machen, dass der Beifall und die Anerkennung von Gott und Menschen auch bei uns nicht ausbleiben. Die Bibel spricht von einem erfrischenden Lebensstil, der nicht nur bei anderen Menschen gut ankommt, sondern unserem eigenen Körper, unserem Geist und unserer Seele guttut.

Hier einige kostbare Schmuckstücke aus Sprüche 3,1–12, die Sie sich „anziehen" können, damit Ihr Leben „schöner" wird:

* Vergessen Sie nicht das Gute, das Sie bislang gelernt haben.
* Lieben Sie Ihre Mitmenschen und bleiben Sie ihnen treu – das gilt nicht nur für Ehepaare!
* Verlassen Sie sich nicht auf Ihren Verstand, sondern vertrauen Sie Gott.
* Denken Sie bei allem, was Sie sagen oder tun, an Gott.
* Halten Sie sich nicht selbst für klug und erfahren, sondern nehmen Sie Gott ernst.
* Lassen Sie sich von einem liebenden Gott führen und korrigieren.

Schöner leben. Leben nach Wunsch. Sie haben die Wahl!

7

Der Weidenkorb

Heute bekamen wir eine E-Mail aus Kanada, die uns sehr ermutigt hat und die eine ganz besondere Geschichte enthielt. Sie erzählt von einem alten Mann und seinem Enkelsohn, die zusammen auf einem Bauernhof in den Bergen lebten. Jeden Morgen las der Opa am Küchentisch in seiner abgenutzten Bibel. Der Enkelsohn versuchte, ihn in allem nachzuahmen.

Eines Tages fragte er ihn: „Opa, ich versuche die Bibel so zu lesen wie du, aber ich verstehe sie nicht. Und was ich von ihr verstehe, vergesse ich, sobald ich sie wieder zugeschlagen habe. Was nützt es mir, die Bibel zu lesen?"

Der Opa, der gerade den Ofen heizte, drehte sich ruhig um und sagte: „Nimm diesen alten Weidekorb, geh runter zum Fluss und hole Wasser."

Der Junge tat, was ihm aufgetragen war. Doch das ganze Wasser sickerte aus dem Korb heraus, bevor er wieder zu Hause ankam. Der Opa lachte und sagte: „Du läufst nicht schnell genug. Du musst nächstes Mal schneller laufen." Er schickte ihn mit dem Korb zurück zum Fluss, ließ es ihn noch einmal probieren.

Dieses Mal lief der Junge, so schnell er konnte, aber auch jetzt war der Korb leer, ehe er zu Hause ankam.

Außer Atem sagte er zu seinem Opa, dass es unmöglich sei, Wasser in einem Korb zu tragen, und holte sich stattdessen einen Eimer. Aber der Opa sagte: „Ich möchte nicht einen Eimer, sondern einen Korb voll Wasser haben! Du schaffst das schon. Du musst dich nur etwas mehr anstrengen."

Obwohl der Junge wusste, dass es unmöglich war, schöpfte er nochmals Wasser mit dem Korb und lief, so schnell er konnte – aber als er zurückkam, war der Korb wieder leer. Völlig außer Atem sagte er: „Siehst du, Opa, es ist völlig sinnlos!"

„Du denkst, es ist sinnlos?", fragte der Opa. „Schau dir doch mal den Korb an!" Da merkte der Junge, dass der Korb inzwischen ganz anders aussah. Der einst dreckige Weidekorb war inzwischen ganz sauber. „Schau", sagte der Opa, „das passiert, wenn du die Bibel liest! Du wirst vielleicht nicht immer alles verstehen und dich auch nicht an alles erinnern können, aber wenn du sie regelmäßig liest, wird es dich von innen heraus verändern."

Gott selbst verspricht uns: „[Glücklich der Mann, der] seine Lust hat am Gesetz des HERRN und über sein Gesetz sinnt Tag und Nacht! Er ist wie ein Baum, gepflanzt an Wasserbächen, der seine Frucht bringt zu seiner Zeit, und dessen Laub nicht verwelkt; alles was er tut, gelingt ihm" (Psalm 1,2–3).

8

Ein verlorenes Geheimnis entdecken

....

Es gibt eine sogenannte Kipptheorie: Was uns Menschen heute fehlt, wird uns morgen wichtig. Wenn wir zum Beispiel im Urlaub überwiegend exotische Mahlzeiten vernascht haben, sehnen wir uns wieder nach einer guten Kartoffel. Oder wenn wir im Winter überwiegend gemütliche Stunden im Haus verbracht haben, freuen wir uns auf den Sommer mit kreativer Gartenarbeit. Das heißt: Genau das, was sich im Hintergrund befand, bekommt irgendwann wieder unsere Aufmerksamkeit und Zuwendung.

Das gilt auch für Folgendes: Als der kulturelle Individualismus unser Leben immer stärker bestimmte, dachten wir zunehmend über die belastbare Solidarität in unserer modernen Kultur nach. Oder nachdem wir gute Grundwerte als überholt über Bord geworfen haben, suchen wir jetzt wieder nach einem Halt – nach festem Boden unter unseren Lebensfüßen. Und als es in den 90er-Jahren immer mehr Zeichen für die Säkularisierung gab, tauchte unübersehbar eine gegenläufige spirituelle Dynamik auf.

Diese Säkularisierung, die viele Menschen jetzt wahrnehmen, wird auch die „Entzauberung der Welt" genannt. Viele haben erkannt, dass die Welt, in der wir leben, viel reicher und vielschichtiger ist, als wir sie äußerlich wahrnehmen können, und suchen nach einer „Wiederverzauberung". Sie wollen das verlorene Geheimnis entdecken – ein Fenster zur „geistigen Welt", das sich in der Schnelllebigkeit des Alltags geschlossen hat. Sie sehnen sich nach einer Aura, einer göttlichen Lebenskraft. Sie wollen ihr Lebenshaus nicht länger auf „Sand" bauen. Sie wollen wissen, wer sie sind und wie sie gut und richtig leben sollen.

Dabei liegt das Gute uns Menschen so nah. Genau das bietet uns Gott nach wie vor an. Er selbst sagt: „Jeder nun, der diese meine Worte hört und sie tut, den werde ich mit einem klugen Mann vergleichen, der sein Haus auf den Felsen baute" (Matthäus 7,24). Vielleicht ist es Zeit, dass wir uns wieder auf unsere geistigen Wurzeln besinnen: die Bibel – Gottes Handbuch fürs Leben. Immerhin haben sich seine Lebensprinzipien bewährt. Sie sind und bleiben über alle Trends, Denkweisen und Zeitepochen erhaben. Sie sind der Fels, auf dem unser Lebenshaus wirklich „verzaubert" werden kann – von Gott höchstpersönlich –, wenn Sie es wollen. Das ist kein Geheimnis!

9

Restaurierung vom Profi

....

Kürzlich stand in einer Ausgabe der Zeitschrift *Elle* ein
Bericht über den berühmten Kunstrestaurator von Venedig, Bergamo Rossi. Dieser Mann ist nicht irgendein
Restaurator, sondern ein Profi, der seine Arbeit mit Lei-
denschaft, Liebe und Überzeugung tut. Er ist so gut,
dass die Bewohner der Stadt ihn „König von Venedig"
nennen. Einige nennen ihn sogar den Schönheitschirur-
gen von Venedig, weil er alles, was kaputt, verschlissen,
marode und baufällig ist, wunderbar wiederherstellen
kann. Bergamo Rossi liebt und schätzt seine Stadt; er
gibt alles, damit sie nicht „Land unter" geht. Das heißt:
Egal, in welchem Zustand die Paläste, egal, wie marode
und baufällig manche Mauern, egal, wie vernachlässigt
oder zweckentfremdet manche Häuser am *Canale Grande*
sind, wie nutzlos und wertlos sie erscheinen mögen – er
nimmt sich ihrer an. Aber er lässt sie nicht so, wie sie
sind. Er kennt ihren Wert und sieht das Potenzial, das in
jedem Stück steckt. Rossi investiert viel Zeit und Liebe
in jedes einzelne Teil. Er repariert, was bröckelt oder ver-
rußt ist. Das Ergebnis: Etwas Schönes und Nützliches
entsteht. Das, was vorher war, ist weg.

Beim Lesen dieses Artikels dachten wir: So ist Gott.
So ist Jesus. In der Bibel steht: „Wenn also jemand mit
Christus verbunden ist, ist er eine neue Schöpfung: Was

er früher war, ist vergangen, etwas Neues ist entstanden" (2. Korinther 5,17; NeÜ). Jesus liebt und schätzt uns Menschen; er gibt alles, damit wir nicht „Land unter" gehen. Egal, in welchem Zustand unser Herz ist, egal, wie baufällig manche Bereiche unseres Lebens sein mögen, egal, wie nutzlos und unwichtig wir uns vorkommen – Jesus nimmt uns an, wie wir sind und wo wir sind. Er begegnet uns in unserer tiefsten Not – aber er lässt uns nicht dort. Auch wenn uns andere Menschen keine Chance geben, auch wenn viele Umstände gegen uns stehen – Jesus kennt unseren Wert. Er sieht das Potenzial, das in jedem von uns steckt. Jesus will so gerne reparieren, restaurieren, aus unserem Leben etwas Wunderbares machen. Seine Liebe ist größer als all unsere Lebenserfahrungen. Er weiß, wie es in unseren Herzen aussieht. Er versteht uns mehr als jeder Mensch. Und er stellt uns nicht bloß für unsere Vergangenheit. Stattdessen bietet er uns einfach Vergebung und einen Neuanfang an.

Jesus will ein wahres Kunstwerk aus unserem Leben machen. Ein Kunstwerk, das für immer hält – bis in alle Ewigkeit. Deswegen wird Jesus der „Messias" (Retter) genannt. Deswegen wird er auch König genannt. Nicht nur König einer Stadt wie der „König von Venedig", sondern „König aller Könige", der einzig wahre Gott. Wir müssen nichts tun. Das können wir auch nicht. So wenig, wie die kaputten Häuser am *Canale Grande* sich selbst helfen und retten können, so wenig können wir uns selbst helfen und retten. Wir dürfen einfach vertrauen, dass Jesus uns helfen kann.

10

Schlechte Gewohnheiten, ade!

Zu der Zeit, als wir in Kanada lebten, kannten wir einen Mann, der jeden Abend auf seinem Weg nach Hause an einem Blumengeschäft anhielt und eine Rose für seine Frau kaufte. Was für eine liebevolle und gute Gewohnheit!

Gute Gewohnheiten tun uns (und oft auch anderen) gut. Aber leider gibt es ja nicht nur die guten Gewohnheiten. Eine Liste von schlechten Gewohnheiten könnte jeder sehr schnell für sich erstellen. Nicht immer sind sie gravierend, aber manchmal schon: Der eine schiebt alles auf die bewährte „lange Bank". Der andere ist aus Gewohnheit argwöhnisch und ein Dritter muss immer übertreiben. Und so könnten wir die Liste seitenweise fortsetzen.

Wenn es um unsere Gewohnheiten geht, gibt die Bibel guten Rat. In dem ersten Brief des Apostels Paulus an die Christen in Korinth schreibt er: „Alles ist mir erlaubt, aber nicht alles ist nützlich. Alles ist mir erlaubt, aber ich will mich von nichts beherrschen lassen" (1. Korinther 6,12). Eine Gewohnheit, die uns beherrscht, ist viel mehr als eine „kleine Macke" in unserem Verhalten. Sie nimmt uns die Freiheit, für die Gott uns geschaffen hat. Sie ist ein beherrschendes Element unseres Lebens geworden. Und das nicht zu unserem Vorteil.

Wie aber können wir schlechte Gewohnheiten ablegen? Das ist nicht einfach. Deshalb erklären wir an dieser Stelle sechs Schritte, die uns helfen können:

* *Kein Schönreden.* Sätze wie „So bin ich halt und werde immer so sein!", „Kein Mensch ist vollkommen!"
dienen nur dazu, die mahnende Stimme in unserem
Herzen zu beruhigen. Aber sie unterdrücken auch die
Stimme, mit der Gott zu unserem Gewissen spricht.
* *Dem Prozess Zeit geben.* Wir lesen ein Buch Seite für
Seite und ein Jahr leben wir Tag für Tag. Es ist eine
gute Strategie, eine Gewohnheit nach der anderen zu
prüfen und nicht alle auf einmal anzugehen.
* *Realistisch sein.* Veränderung im Bereich unserer Gewohnheiten geschieht nicht über Nacht. Der Prozess
der Veränderung kennt das Versagen, aber auch das
Aufstehen. Jemand hat einmal gesagt: „Nicht Verfeh-
len ist ein Verbrechen, sondern zu niedrig zielen."
* *Mit Begeisterung anfangen.* Sie haben eine Entscheidung
getroffen, die am Ende ein lohnenswertes Ziel hat.
Wenn Sie sie im Wissen um Gottes Hilfe angehen,
können Sie das mit großem Enthusiasmus tun.
* *Heute anfangen.* Heute ist der richtige und beste Zeitpunkt in Ihrem Leben. Sofort zu beginnen ist der
erste Schritt, wenn wir schlechten Gewohnheiten in
unserem Leben den Kampf ansagen wollen.
* *Korrektur zulassen.* Bitten Sie jemanden, dem Sie vertrauen, Sie in dem Prozess zu begleiten, zu ermutigen,
aber auch zu ermahnen. Schreiben Sie sich fünf Gründe auf, warum Sie eine bestimmte Gewohnheit ablegen
wollen, und auch fünf Nutzen, die Sie daraus ziehen.

11

Wir haben die Wahl

··

Es gibt viele Dinge im Leben, die schwer einzuordnen sind. Dazu gehören auch die Ungerechtigkeiten, die kleinen und die großen, die wir immer wieder im Leben erleiden. Eins ist aber gewiss: Wenn ich den Ungerechtigkeiten des Lebens erlaube, meine Einstellungen zu bestimmen, dann gebe ich das Letzte auf, was ich noch kontrollieren kann, nämlich meine Reaktionen und meine Antworten.

Vielleicht kennen Sie ja auch den Satz: „Du machst mich wütend." Doch dieser Satz stimmt nicht ganz. Die Umstände des Lebens und die Menschen geben mir eine Wahl: Ich habe mich dazu entschlossen, mich über gewisse Dinge oder Menschen zu ärgern und wütend zu werden. Doch sobald ich diese Entscheidung treffe, verliere ich die Kontrolle über meine Gefühle und werde eine Marionette, gesteuert durch die Umstände des Lebens. Eine Marionette reagiert nur auf die Bewegungen, die der Puppenspieler ihr erlaubt. Wenn ich so auf die Umstände und Ungerechtigkeiten des Lebens reagiere, bin ich nicht mehr als eine Marionette.

Wir haben die Wahl: Wir können entweder verzweifeln oder Hoffnung haben. Wir können bitter werden oder die Situation annehmen. Wir können in Selbstmitleid baden oder erwartungsvoll durchhalten. Wenn das Leben um uns herum zum Chaos wird, können wir trotzdem innerlich „Herr" über die Sache sein. Wie wir reagieren und handeln, ist nämlich eine Frage der Einstellung, die wir haben. Wie wir unser Leben betrachten, ist wichtiger als die Tatsachen, denen wir uns stellen müssen. Unsere Einstellung ist wichtiger als manches Hindernis, das wir empfinden mögen – sei es nun unsere Vergangenheit, Bildung, Begabung, unser Aussehen oder seien es unsere finanziellen Beschränkungen.

Ungerechtigkeiten tun natürlich weh, aber ich möchte versuchen, mich in den Situationen so zu verhalten, wie Gottes Wort es mir ermöglicht. Der Apostel Paulus sagt: „Wenn Gott für uns ist, wer könnte dann gegen uns sein?" (Römer 8,31; NeÜ). Und einige Verse später schreibt er: „Aber durch den, der uns geliebt hat, sind wir in all diesen Dingen überlegene Sieger" (Römer 8,37; NeÜ).

Ich kann den Schmerz und die Ungerechtigkeiten des Lebens nicht leugnen, aber ich kann eine Entscheidung treffen, wie ich auf die Ungerechtigkeiten des Lebens reagiere. Vielleicht gelingt es mir nicht immer beim ersten Anlauf, alles wieder richtig ins Lot zu bekommen, aber mit Gottes Hilfe lerne ich nicht nur seine Vergebung kennen, sondern auch, dass er Wunden heilt.

Wir können im Leben nicht kontrollieren, was auf uns zukommen wird. Aber mit Gottes Hilfe können wir bestimmen, wie wir darauf reagieren möchten.

12

Stromausfall – was tun?

....

Er kommt von einer Sekunde zur nächsten: der Stromausfall. So war es auch, als „Tief Emma" unser Stromnetz durch einen umgestürzten Baum lahmlegte. Danach ging nichts mehr. Kein Licht. Keine Heizung. Keine Kaffeemaschine. Kein Telefon. Also haben wir unser Leben auf „Notbetrieb" umgestellt. Dank Handys konnten wir noch Kontakt zur Außenwelt aufnehmen, und irgendwann fingen wir an, uns auf dem Bunsenbrenner der Campingausrüstung Kaffee zu kochen. Aber ärgerlich und mühsam war es schon, dass die Energiequelle, die uns normalerweise so viel Lebensqualität schenkt, plötzlich nicht mehr sprudelte und wir nur noch mit lästigen Einschränkungen handlungsfähig waren.

Genauso kann es hin und wieder Menschen gehen, die sich für ein Leben mit Gott entschieden haben und mit ihm ihr Leben teilen wollen. Dann kann es trotzdem immer wieder Zeiten geben, in denen das Leben plötzlich nur noch im „Notbetrieb" funktioniert.

Es geht, aber eher schlecht als recht. Der Glaube ist vorhanden, aber er bestimmt nicht wirklich alle Bereiche des Lebens. Das Wissen, dass Jesus Wirklichkeit ist und das Leben erfüllen, leiten und segnen möchte, existiert, aber nur noch als Glaubensbekenntnis und nicht mehr als gelebte Realität.

Besonders tragisch wird es, wenn viele andere Christen in unserem Umfeld auch nur noch im „Notbetrieb" leben. Denn ganz langsam gewöhnen wir uns an diesen Zustand und empfinden ihn sogar als „normal". Wir erwarten nichts anderes, nichts Besseres.

Wenn der Strom ausfällt, sind immer zwei Dinge notwendig: die Ursache für den Kurzschluss beseitigen und die Sicherung wieder einschalten.

1. *Die Ursache für den Kurzschluss ist nicht immer direkt ersichtlich.* Lukas, einer der engen Freunde Jesu, berichtet von einer Frau, zu der Jesus einmal sagte: „Martha, Martha, du machst dir viel Sorgen und Mühe." Sorgen und Mühe sind wie unzertrennliche Geschwister. Sorge führt zum Kurzschluss im Glauben und bringt uns nichts als Mühe und Not.

   Wie oft neigen wir Menschen dazu – wenn die Sonne scheint und wir alles im Griff haben –, Gott außer Acht zu lassen. Der Kontakt „nach oben" scheint uns entbehrlich. Aber wenn plötzlich ein Stromausfall kommt, die unerwartete Krise, dann klammern wir uns an Gott, weil wir sie ohne ihn nicht überstehen können. Aber Gott möchte so gern, dass wir ständig in seiner Nähe bleiben, ständig mit ihm und seinem Wort verbunden sind – ein Leben führen, in dem seine Energiequelle kontinuierlich in all unsere Lebensbereiche hineinsprudeln kann.

2. *Nicht vergessen: Die Sicherung wieder einschalten.* Hier entscheidet sich, ob unsere „To-do-Liste", die wir morgens erstellen, eine reine Arbeitsliste oder

vorrangig eine Gebetsliste ist. Wenn sie zu einer Gebetsliste wird, ist es immer noch Arbeit, die zu erledigen ist – aber uns wird bewusst, wie sehr Gott in allem hilft und führt. Bei Aufgaben, die uns nicht gelingen wollen, schickt Gott Menschen, die es gerne und gut erledigen können. Viele Probleme lösen sich wie von alleine, und wir merken: Hier läuft unser Leben nicht im Notbetriebsmodus, sondern aus Gottes Kraft. Das Gespräch mit Gott ist und bleibt der entscheidende Schalter im Sicherungskasten. Ein Schalter, der unser Leben wieder erhellt und erleichtert.

Prisma der Liebe

Die meisten Freizeiten beginnen ganz berechenbar am ersten Abend mit einer Vorstellungsrunde oder einem Kennenlernspiel. Dabei werden gewöhnlich Name, Familienstand, Wohnort, Beruf und Hobbys ganz fröhlich enthüllt. So war es auch im Sommer bei einer Familienfreizeit, bei der die Frage nach dem Beruf allerdings nicht bei allen so gut ankam. Zu Recht, denken wir im Nachhinein – denn wie wichtig ist es, ob ich als Erwachsener im Büro coache oder zu Hause Kinder ermutige? Ob ich im Rampenlicht stehe oder einen Menschen im Stillen zu Hause pflege? Das ist nicht so wichtig. Auch nicht für Gott.

Die Bibel spricht vielmehr darüber, wie Gott uns haben will. Wie wir sein sollen. Wie wir leben sollen. Gott ist viel stärker interessiert an unserem Charakter als an unseren Leistungen. Unsere Platzanweisung von Gott ist immer noch sehr wichtig, aber aus einem ganz anderen Grund. Und zwar, weil unser ganzes Leben, unsere unterschiedlichen Aufgaben und Dienste, unsere diversen Aktivitäten und Beziehungen eine äußerst geniale Möglichkeit und Plattform sind, um den Charakter Jesu darzustellen. Und diesen Charakter zu hegen und zu pflegen ist unsere eigentliche Aufgabe und tägliche Herausforderung, wie sie in Römer 12,2 beschrieben wird:

„Richtet euch nicht nach den Maßstäben dieser Welt, sondern lasst die Art und Weise, wie ihr denkt, von Gott erneuern und euch dadurch umgestalten, sodass ihr prüfen könnt, ob etwas Gottes Wille ist – ob es gut ist, ob es Gott gefallen würde und ob es zum Ziel führt."

Daher ist es nicht so wichtig, was wir tun, sondern wie wir sind inmitten von all dem, was wir tun! Gott ist entschlossen, uns kontinuierlich so zu verändern, dass wir immer mehr dem entsprechen, wie Jesus Christus ist. Und so, wie wir uns verändern lassen und immer mehr werden wie Jesus, werden auch christusähnliche Taten hervorkommen, und Gott wird uns an den Platz bringen, den er für uns vorgesehen hat und den wir mit seiner Hilfe ausfüllen können.

Der schottische Evangelist Henry Drummond schrieb im 19. Jahrhundert von einem Lichtstrahl, der, wenn er durch ein Prisma hindurchscheint, sich in viele wunderschöne bunte Farben bricht. Drummond sagte, genauso betrachte Paulus in 1. Korinther 13 die Liebe durch das Prisma seines Intellekts und entdecke ihre atemberaubenden Facetten – einen Regenbogen vieler entscheidender Tugenden wie Geduld, Freundlichkeit, Güte, Demut, Höflichkeit, Selbstlosigkeit, Aufrichtigkeit und Selbstbeherrschung.

Dies alles sind Tugenden, die Jesus Christus darstellen – den, der die Liebe Gottes auslebte und dadurch die Welt veränderte. Und so, wie Jesus lebte, sollen auch wir leben. 1. Johannes 4,16 und 19 erklärt uns ganz einfach und verständlich: „Gott ist Liebe ... Wir lieben, weil er uns zuerst geliebt hat." Das heißt, wenn wir Seite an Seite mit dem bleiben, der uns liebt, dann werden auch wir lieben. Wir können lieben in Form von Freundlichkeit, Interesse, Anteilnahme, Vergebung, einer Umarmung, einem Lächeln.

Egal, wo wir leben, arbeiten oder Urlaub machen – es ist nicht so wichtig, was wir tun, sondern was Gott durch uns tun will. Das zeigt, wer wir wirklich sind! Kinder Gottes – jedes an seinem Platz.

14

Die Gedanken sind frei

„Die Gedanken sind frei, wer kann sie erraten?" – So heißt es in einem bekannten Lied. Doch sind die Gedanken wirklich frei? Wer sich seinen Gedanken stellt, der merkt, dass sie nicht in einem Vakuum existieren, sondern eingebunden sind in unsere Erfahrungen, Erwartungen und tiefsten Wünsche.

Manche Fantasie wird zu einem Selbstläufer und zwingt sich uns auf. Hartnäckige Gedanken können uns verfolgen. Entfesselte Gedanken können eine Fantasiewelt aufbauen, in die wir uns flüchten. Das mag dem einen zwar seinen manchmal unerträglichen Alltag erträglicher erscheinen und den anderen von dem Erfolg träumen lassen, der ihm im wirklichen Leben versagt bleibt. Doch das klappt nur so lange, wie die Realität ihn nicht einholt und seine Fantasien wieder dorthin verbannt, wo sie hingehören: ins Reich der Illusionen.

Fantasien hingegen, die uns beflügeln, können noch so weit von der Realität des Lebens entfernt sein – und doch zur Realität für uns werden. Sie sind dann der Lebenstraum, der unser Handeln bestimmt und der sogar den Lauf der Geschichte beeinflussen kann.

Jesus hat einmal gesagt, dass es eine „Geburtsstätte" unserer Gedanken gibt: unser Herz. Doch von da kommt nicht nur Gutes. Von dort kommen auch unsere

Gedanken des Neides, des Hasses und des Bösen. Denn das, womit ich diesen Platz fülle, bestimmt mein Denken und Handeln und auch die Welt meiner Fantasien.

Es ist unmöglich, mein Herz vor allem Negativen und Bösen abzuschirmen, sodass es mein Leben gar nicht mehr berühren kann. Und doch kann ich die Zentrale meines Wollens und die Geburtsstätte meines Denkens so nah an Gottes Gedanken heranführen, dass ich alle anderen Einflüsse herausfiltern und einordnen kann.

Wie sieht das praktisch aus? Zum einen muss ich Gottes Wort kennenlernen, indem ich z. B. täglich in der Bibel lese. Dabei aber sollen diese Worte nicht bloß mein Wissen erweitern, sondern sie wollen Anwendung finden. Ich darf und muss mich von Gottes Denkweise und Willen hinterfragen lassen: Was zeigen sie mir als wichtig und unerlässlich? Wo ermutigen sie mich? Wovor warnen sie mich?

Zum andern muss ich mich immer wieder neu auf Jesus ausrichten. Aber was ist damit eigentlich gemeint? Jesus sagt zu seinen Freunden: „Wer in mir bleibt und ich in ihm, der bringt viel Frucht" (Johannes 15,5). In diesem Bild ist das Geheimnis des Lebens als Christ klar dargestellt: Christsein bedeutet Einssein mit Jesus – Christus lebt in mir und ich in ihm. Und wenn diese Verbindung besteht, dann sind auch meine Gedanken und meine Fantasien von dem gefüllt, der mein Leben erfüllt.

Nichts kann und wird unsere Fantasie so beflügeln wie Gottes Gedanken, die zu unseren Gedanken werden. Wenn ich darauf vertraue, dass alles möglich ist für den, der glaubt (vgl. Markus 9,23), dann muss ich keine fantastischen Luftschlösser bauen, sondern gewinne einen Blick für Gottes Welt, der in seiner Dimension der Liebe, Hoffnung und des Glaubens unsere Vorstellungskraft sprengt.

Schneegestöber

....

„April, April – der weiß nicht, was er will!" – So lautet ein bekanntes Sprichwort. Und Tatsache ist, dass die besten Meteorologen uns nicht hundertprozentig vorhersagen können, ob uns ein verspäteter Wintereinbruch erspart bleibt oder nicht. Deswegen fahren wir auch noch im April mit Winterreifen. Das gibt uns ein Gefühl von Gelassenheit und Sicherheit – wir wissen: Ob die Straßen nun trocken oder vereist sind, auf unsere Winterreifen ist Verlass.

Unser Vorsorgebedürfnis mag darin begründet sein, dass wir lange in Kanada gelebt haben. Dort, wo der Winter oft sehr kalt und ungemütlich wird, bereiten sich viele Farmer jedes Jahr rechtzeitig auf eventuelle Schneegestöber vor. Sie tun das unter anderem, indem sie ein Seil von ihrer Haustür zur Stalltür binden. Dieses Seil dient als Führungsseil, das ihnen eine gute und zielorientierte Rückkehr zu ihrem Haus sichert.

Wir alle brauchen solch ein zuverlässiges Seil in unserem Leben. Ein Seil, das wir immer ergreifen und an dem wir uns festhalten können. Ein Seil, an dem wir uns entlanghangeln können – besonders dann, wenn wir plötzlich nichts mehr sehen und verstehen. Wir brauchen eine Führungsleine, die unserem Denken, unseren Gefühlen, unseren Reaktionen und unserem ganzen

Handeln Halt und Richtung gibt. Denn keiner von uns weiß, was morgen kommt.

Deshalb gibt uns König David in der Bibel den Rat: „Die Weisung seines Gottes trägt er im Herzen, er bleibt fest auf dem richtigen Weg" (Psalm 37,31; NeÜ). Wenn Sie trotz verwirrender Schneegestöber in Ihrem Alltag das Leben meistern wollen, wenn Sie mitten in Ihrer Ratlosigkeit und Angst, Wut und Bitterkeit, Hoffnungslosigkeit und Traurigkeit Ihre Gedanken und Gefühle in den Griff bekommen wollen, sollten Sie nach der Bibel greifen und sich an Gottes Worten entlanghangeln.

Die Bibel ist voll von sicheren und zuverlässigen Führungsleinen, die Gott Ihnen für jedes Schneegestöber anbietet. Hier ein paar Kostproben:

* *Wenn Sie meinen, dass Ihre Vergangenheit Ihre Zukunft bestimmt:* Halten Sie sich ganz fest an Gottes Wort, dass er allein das Leben eines jeden Einzelnen in der Hand hat – das Leben der Eltern und das Leben der Kinder (Hesekiel 18).
* *Wenn Sie sich Sorgen machen:* Halten Sie sich ganz fest an der Verheißung, dass Sie von Gott eine unbeschreibliche Ruhe und Gelassenheit bekommen, wenn Sie Ihre Freudenfresser in seine Hand legen (Philipper 4, 6–7).
* *Wenn Sie wegen bestimmter Menschen oder Aufgaben verzweifelt sind:* Halten Sie sich fest an Gottes Wort, dass er Sie stark machen kann wie eine Mauer, damit diese unangenehmen Menschen oder Aufgaben Sie nicht mehr stören (Jeremia 15,10–21).

Das sind nur einige wenige wunderschöne Zusagen, die uns im Schneegestöber unseres Alltags helfen, uns Gelassenheit geben und ans Ziel bringen. Wenn Sie noch weitere dieser Halteseile kennenlernen wollen, lesen Sie einfach jeden Tag in der Bibel – Gott wird Ihnen immer wieder das richtige Seil zur rechten Zeit persönlich reichen. Sie werden es erkennen, trotz schwerer Schneegestöber.

16

Extrameilen-Einstellung

....

Es scheint manchmal so, als wären Menschen erfolgreicher, wenn sie mehr nehmen als geben. Am Ende haben sie nach all ihrem Einsatz und ihren Bemühungen immer ein Plus auf ihrem Konto. Richten wir unser Leben aber nach Gott aus, schenkt er uns eine andere Perspektive.

Jesus hat einmal gesagt: „Und wenn jemand dich zwingen wird, eine Meile zu gehen, mit dem geh zwei!" (Matthäus 5,41). Damals konnte ein römischer Offizier jeden jüdischen Zivilisten dazu zwingen, sein schweres Gepäck bis zu einer Meile weit für ihn zu tragen. Dies war sein Recht; so lautete das Gesetz. Doch Jesus fordert die Menschen auf, noch über dieses Gesetz hinaus zu handeln. Er ermutigt uns, zwei Meilen zu gehen. Warum?

Zum einen hinterlassen wir einen bleibenden Eindruck im Leben der Menschen, wenn wir uns für sie einsetzen und über ihre Erwartungen hinaus handeln. Zum anderen lehrt Jesus uns mit diesem Gleichnis, dass darin auch das Geheimnis eines glücklichen Lebens liegt:

* Wenn wir diese Einstellung der „Extrameile" in unserem Herzen tragen, sind wir fürsorglicher als jemand, der nur darüber nachdenkt, was richtig ist und ihm den meisten Nutzen bringt.

* Wir handeln nicht nur praktisch, sondern sehen über das Alltägliche hinaus.
* Wir erkennen, dass es mehr gibt als das, was andere für notwendig erachten.
* Wir riskieren mehr als das, was andere als „sicher" bezeichnen würden.
* Wir glauben mehr als das, was andere für möglich halten.

Die „zweite Meile" kostet etwas: Zeit und Aufwand. Doch wenn man zwei Meilen statt einer geht, kommt man auch weiter vorwärts, vor allem in Beziehungen zueinander und zu Gott. Jesus ist diese zweite Meile gegangen. Er kam nicht nur in diese Welt – er kam in diese Welt, um zu dienen.

Auch wir kommen zur Arbeit, nach Hause oder in unsere Gemeinden. Losgelöst von unserem persönlichen Hintergrund und unseren Erfahrungen können wir in unserem Alltag die zweite Meile gehen, indem wir anderen helfen, ihre Lasten zu tragen; indem wir unsere zwischenmenschlichen Beziehungen lebendig halten, auch da, wo Fehlverhalten uns verletzt hat. Wenn wir Menschen in Not begegnen und mehr tun, als diese Not zu lindern, verändern wir ihr Leben. Wir schenken ihnen eine neue Perspektive. Wir helfen uns und ihnen mit unserer vermehrten Aufmerksamkeit, gemeinsam neue Freiräume, neue Erfahrungen und neue Aspekte des Lebens zu entdecken.

So scheint es am Ende nur, als ob Menschen, die mehr nehmen als geben, mehr Plus auf ihrem persönlichen Konto hätten. Letztendlich sind Menschen, die mehr geben als erwartet, erfolgreicher. Denn wenn wir zwei Meilen gehen, sind wir auf dem richtigen Weg – dem Weg, der Segensspuren hinterlässt.

17

Wer angibt, hat's nötig!

....

Aufschneider und Angeber. Wer hat sich nicht schon einmal über solche Leute geärgert? Das stinkt schon kilometerweit gegen den Wind, was da oft so alles behauptet und gekonnt ins Gespräch eingeflochten wird. Doch nicht selten profiliert sich der Angeber auf Kosten anderer Leute, die eigentlich die Anerkennung verdient hätten. Und wenn es uns dann auch noch persönlich betrifft, sind wir verletzt. Dennoch sind wir herausgefordert, sowohl mit der Verletzung als auch mit dem Verursacher verantwortungsvoll umzugehen. Da hilft es, wenn wir das gedankliche Strickmuster des Angebers verstehen. Denn wichtig ist nicht nur, was jemand sagt oder wie, sondern warum.

Einige der Christen in der Stadt Korinth forderten den Missionar Paulus bis aufs Äußerste heraus. Sie sprachen sich Ehre und Anerkennung zu, indem sie Paulus denunzierten und schlechtmachten. Paulus nahm diese Herausforderung an und zeigte, dass sie sich nur aufspielen konnten, weil sie selbst ihr eigener Maßstab waren (2. Korinther 10,8–17).

Die Frage ist jedoch immer: Mit wem vergleiche ich mich? Ich spiele vielleicht ganz gut Geige, aber wer bin ich schon im Vergleich zu David Garret? Ich fahre vielleicht gut Auto, aber wer bin ich schon im Vergleich zu den Brüdern Schumacher? In seinen Briefen an die Christen in Korinth setzt Paulus sich intensiv mit dieser ganzen Thematik der Ehrsucht auseinander und führt folgende Prinzipien an:

* *Verkündige dich nicht selbst* (2. Korinther 4,1–6). Christen sind Diener Gottes, die Menschen dienen. Ihren Auftrag und die damit verbundenen Gaben und Fähigkeiten haben sie, weil Gott sich über sie erbarmt hat.
* *In den Schwachen ist Gott mächtig* (2. Korinther 4,7–12). Gott offenbart gerade da seine Macht, wo Menschen ihre Schwachheit erkennen, bekennen und an ihn abgeben. Die letzte Ehre gebührt darum ihm.
* *Ich vertraue auf Gott, darum rede ich* (2. Korinther 4,13–18). Das Reden und Handeln von Menschen, die zu Gott gehören, entspringt nicht ihrer Kraft und Fähigkeit, sondern aus dem Vertrauen, dass Gott bei ihnen ist. Sie bauen auf seine, wenn auch unsichtbare, Realität.
* *Christus ist nicht nur unser Retter, sondern auch unser Richter* (2. Korinther 5,11–15). Verantwortlich sind Christen gegenüber ihrem Auftraggeber. Dabei geht es nicht darum, was sie geleistet haben, sondern wie weit Gott sie schon gebracht hat. Gemessen wird dies aber nicht am „sichtbaren" Erfolg, sondern an der Erneuerung ihres Herzens, ihrer Gesinnung und ihrer Liebe.
* *Selbstlob: Niemand hat Nutzen davon* (2. Korinther 12,1–10). Gewiss darf man auch über seine Leistungen und Opferbereitschaft berichten. Das muss nicht

immer gleich Angeberei sein, wenn es denn der Wahrheit entspricht. Doch Paulus verzichtete trotzdem bewusst darauf. Für ihn war es der berühmte „Stachel im Fleisch", der ihn immer wieder daran erinnerte: „Ich bin, was ich bin, durch die Gnade Gottes, meines Herrn." Eigenlob war für ihn schlicht überflüssig.

18

Schlafen ohne Last

So manches kann uns den Schlaf rauben. Angefangen bei der Tasse Kaffee, die man zu spät am Abend noch getrunken hat, bis hin zu einem anregenden Gespräch, dem man noch nachsinnt. Doch meistens sind es die Dinge, die hinter oder vor uns liegen: Aufgaben, die uns einfach ein paar Nummern zu groß erscheinen, oder Fehler der Vergangenheit, die uns nicht zur Ruhe kommen lassen. Für beide Aspekte des Lebens schenkt Gott den Menschen, die ihm vertrauen, eine realistische und lebendige Hoffnung.

All denen, die sich Sorgen um die Aufgaben des nächsten Tages machen, sagt Gott: „Euer himmlischer Vater weiß, [was ihr benötigt]. Trachtet aber zuerst nach dem Reich Gottes und nach seiner Gerechtigkeit! Und dies alles wird euch hinzugefügt werden. So seid nun nicht besorgt um den morgigen Tag! Denn der morgige Tag wird für sich selbst sorgen. Jeder Tag hat an seinem Übel genug" (Matthäus 6,32b–34). Außerdem haben wir die Verheißung, dass Jesus Christus bei uns sein wird alle Tage bis an das Ende der Welt und dass der Geist Gottes in seinen Kindern das Wollen und Tun bewirkt.

Doch scheinbar ist es ungleich leichter, an Gottes Hand nach vorne zu gehen, als ihm seine Vergangenheit anzuvertrauen. Viele Menschen haben ihre

Vergangenheit einbalsamiert und schleppen sie mit sich herum. Sie wollen sie – egal, wie schmerzlich sie ist – nicht loslassen. Dabei sind es in der Regel eben jene ungelösten emotionalen Schmerzen, die uns das Leben schwermachen. Wie also können wir mit unserer Vergangenheit umgehen?

1. *Ein neuer Rahmen.* Oft betrachten wir das Gestern wie ein Bild an der Wand. Wenn wir diesem Bild nun aber einen neuen Rahmen geben, bekommt es gleich ein anderes Gesicht. Dieser neue Rahmen könnte aus den Antworten zu folgenden Fragen bestehen: Was habe ich aus der Erfahrung der Vergangenheit gelernt? Was kann ich in Zukunft umsetzen?

2. *Frei von falscher Scham.* Oft schämen wir uns nicht für das, was wir getan haben, sondern vielmehr, dass unsere Taten unsere Unvollkommenheit offenbaren. Schnell sehen wir uns nur noch als Versager. Doch eine solche Einstellung ist zerstörerisch. Nachdem Gott die Menschen geschaffen hatte, sagte er: „Siehe, es ist sehr gut." Das ist Gottes Aussage über uns als seine Geschöpfe. Und unsere Sünde – unser verkehrtes Denken und Handeln – dürfen wir zu Gott bringen, der gerne vergibt. Das befreit zum Leben.

3. *Nicht festbeißen.* „Wenn das Wörtchen *wenn* nicht wär ..." – dieser Satz ist eine Falle, die ins ständige Bedauern führt. König David schrieb: „Wie glücklich zu preisen der Mensch, dem Jahwe die Schuld nicht zumisst, und dessen Geist frei ist von Betrug"

(Psalm 32,2; NeÜ). Zur Vergebung gehört nicht nur, dass wir Gottes Vergebung annehmen, sondern auch, dass wir uns selbst vergeben.

4. *Schmerzen in Gewinn umwandeln.* Wir dürfen Wut und Trauer zwar nicht leugnen, gleichzeitig aber sollten wir auch nicht in ihnen stecken bleiben. Gottes Weg mit uns ist ein Prozess. Er lädt uns ein, mit ihm zu leben. Wir können nicht rückwärts in die Zukunft gelangen. Gott hat Gutes mit uns im Sinn. Darüber können wir uns freuen: „Denkt nicht an das, was früher war, achtet nicht auf das Vergangene! Seht, ich wirke Neues!" (Jesaja 43,18–19a; NeÜ).

Damit Ihr Leben gelingt

Dass guter Rat teuer ist, ist eine Binsenweisheit. Aber ein schlechter Rat kann noch viel teurer werden. Doch die eigentliche Herausforderung liegt unserer Beobachtung nach ganz woanders: Immer häufiger gewinnt man den Eindruck, dass viele Menschen beratungsresistent sind und glauben, auf Hilfe von außen verzichten zu können. Doch in der Bibel steht: „Der Weise höre und mehre die Kenntnis, und der Verständige erwerbe weisen Rat" (Sprüche 1,5).

Der ehemalige Weltklassetennisspieler Andre Agassi hatte einen Trainer, der ihm zur Seite stand. Auf die Frage, warum er immer noch einen Trainer brauche, und dazu einen, der ihm nicht einmal das Wasser reichen könne, sagte Agassi damals: „Du brauchst beim Tennis Korrekturen, die entscheidend sind, wenn du gewinnen willst. Und mein Trainer ist darin einfach gut. Je älter ich werde, desto wertvoller sind mir seine Korrekturen."

So gut unsere eigenen Erfahrungen auch sein mögen, sie müssen nicht unbedingt richtig sein und können zu festgefahrenen Gewohnheiten werden, die unser Leben in ungesunde Bahnen führen. Im Buch der Sprüche im Alten Testament steht: „der Weise [...] hört auf Rat" (Sprüche 12,15). Deshalb tut es jedem Menschen gut, wenn er einen Mentor, einen Coach oder einen Ratgeber zur Seite hat.

Was aber tut ein solcher Trainer? Er beobachtet und bewertet, er gibt Anweisungen, er inspiriert und fordert heraus. Kein Mensch möchte gerne beobachtet und dann auch noch bewertet werden. Und doch: Werden wir nicht ständig von unseren Mitmenschen beobachtet, eingeschätzt und eingestuft und letztendlich auch bewertet? Bleibt nur die Frage: Ist da jemand, der das mit Wohlwollen tut und dabei das Beste für mich im Auge behält?

Ein guter Trainer beobachtet nicht nur, er gibt auch Anweisungen. Doch das Beste ist und bleibt: Er fordert heraus durch Lob und Korrektur und Ermahnung, damit wir unser persönlich höchstes Potenzial erreichen. Und so stellt sich für jeden die Frage: Kenne ich einen Trainer, einen Coach in meinem Leben? Gibt es jemanden, der mich beobachten und hinterfragen darf in meinem persönlichen Verhalten, in meinem Umgang mit meiner Familie, in der Art und Weise, wie ich Entscheidungen treffe, wie ich mit Finanzen umgehe oder Konflikte löse?

Der beste Trainer, den ein Mensch haben kann, ist Gott selbst, der uns in seinem Wort Ratschläge für ein gelingendes Leben gibt. Sein Wort ist wie ein Spiegel (Jakobus 1,23–25), durch den uns Gottes heiliger Geist die Bereiche und Dinge zeigt, in denen wir Korrektur benötigen. Wenn wir wirklich weise sind, hören wir darauf. Und wenn wir darauf hören, werden wir unser Lebenspotenzial erreichen. Das erfüllt unser Leben, dient gleichzeitig anderen Menschen und ehrt Gott.

20

Bankrotterklärung

···

Menschen, die sich über den Sinn, das Ziel und den Zweck ihres Lebens Gedanken machen, stoßen früher oder später immer wieder auf diese Frage: „Was muss ich tun, um ewiges Leben zu erhalten?"

Im Neuen Testament wird uns von einem jungen Mann berichtet, der gebildet und anerkannt war und es auch geschafft hatte, die drei Kriterien des Erfolges zu erfüllen: Er besaß Macht, Wohlstand und Status. Nur eins fehlte ihm noch: ewiges Leben, Unsterblichkeit. Und genauso, wie er den anderen Dingen in seinem Leben nachgejagt war, ging er auch zielstrebig dieses Thema an und fragte Jesus: „Was muss ich tun, um das ewige Leben zu bekommen?" Doch weil sein Denken davon bestimmt war, alles in Eigenleistung schaffen zu können, war die Antwort von Jesus sehr ernüchternd für ihn: „Verkaufe alles, was du besitzt, und folge mir nach (vgl. Matthäus 19,16–21).

Weiter lesen wir, dass der junge Mann sehr traurig wurde, weil er sehr reich war. Er hatte ernsthaft geglaubt, man könnte sich den Himmel erkaufen, vielleicht mit einer Einmalzahlung oder sogar auf Raten. Doch aus Gottes Sicht bleibt die Tatsache bestehen: Egal, was wir an Hab und Gut, Können und Leistung aufbringen können – um vor Gott als gerecht zu gelten, reicht es nicht aus.

Haben Sie einmal darüber nachgedacht, was für ein kaltherziger Gott das sein müsste, der ewiges Leben und Heil verkaufen würde? Und doch geht es uns nur schwer in den Kopf, dass Gott so ganz anders sein soll, nämlich gütig, barmherzig und gnädig. Und in der Tat widerspricht es dem, was wir täglich erleben und was uns von klein auf klargemacht wird: Jeder wird für das belohnt, was er leistet. Und doch: Genauso wenig, wie wir mit einem selbst gebastelten Papierflugzeug Wissenschaftler der NASA beeindrucken könnten oder wie unser ungelenkes Gekritzel für einen Künstler wie Michelangelo von Bedeutung wäre, so wenig können uns unsere vermeintlichen Leistungen, unser „toller Charakter" oder unsere guten Werke für den Himmel qualifizieren. Das ewige Leben in der Gegenwart des liebenden Gottes kostet mehr, als wir je aufbringen könnten. Darum brauchen wir einen Erlöser; darum musste Gott selbst in Jesus Christus Mensch werden, um uns frei zu machen.

Das Problem des reichen jungen Mannes war nicht sein Geld, sondern seine Selbstherrlichkeit. Es war nicht sein großes Einkommen, es war sein großes Ego! Denn es hinderte ihn daran, das Konzept der Gnade Gottes zu verstehen. Doch nicht nur Reiche tun sich damit schwer. Genauso schwer tun sich die vermeintlich gebildeten, die starken, die gut aussehenden, die populären, ja sogar die religiös motivierten Menschen.

Den Weg zum Himmel hat Gott klar vorgezeichnet: Wer das ewige Leben haben möchte, muss zuerst zugeben, dass sein Leben aus Gottes Sicht bankrott ist und dass er nichts zu bieten hat, was Gott beeindrucken könnte (auch wenn sein Ruf auf dieser Erde noch so gut sein mag). Wir können nicht zu Gott kommen und Gerechtigkeit einfordern. Wir können nur kommen und um Barmherzigkeit bitten. Und dann ist Gott barmherzig, gnädig und gütig. Denn er liebt es zu vergeben.

21

Freiheit

....

Vor einiger Zeit hatte eine Familie eine kleine verwüstete Hütte gekauft, die völlig ausgeräumt war. Alles war weg bis auf einen alten Kühlschrank. Jedes Mal, wenn diese Familie in ihrer Hütte Urlaub machte, benutzten sie abends Kerosinlampen oder Kerzen als Beleuchtung. Erst Monate später, als sie genug Geld für die Reparaturen gespart hatten, sortierten sie die vielen Kabel, die von der Decke und aus den Kabelschächten herabhingen. Als sie dann den Hauptsicherungsschalter einschalteten, sprang plötzlich und unverhofft der gute alte Kühlschrank an. Sie hatten Strom – und das die ganze Zeit schon – und wussten es nicht! Monatelang hatten sie im Dunkeln gelebt, bis sie die Wahrheit über den Strom entdeckten. Diese Erkenntnis schenkte ihnen neue Freiheit, Dinge zu tun, die sie vorher nicht tun konnten. Sie konnten jetzt endlich den Heißwasserkessel, die Kaffeemaschine und, wenn's sein musste, auch den Fön benutzen. Es war ein ganz neues Leben in einer alten Hütte.

Es gibt etwas, das viel wichtiger ist als Selbsterkenntnis oder die Wahrheit über andere oder über materielle Dinge zu wissen. Es ist die Wahrheit, von der Jesus spricht. Eine Wahrheit, die uns wirklich frei macht und uns ewiges Leben schenkt:

1. *Wer die Wahrheit (er)kennt, kann Lebenslügen bezwingen.* Wenn wir falschen Gedanken über uns selbst widerstehen können, ist es auch möglich, dass wir unsere Fehler erkennen und Vergebung und Hilfe von Gott annehmen.

2. *Wer die Wahrheit (er)kennt, kann frei von Schuld leben.* Manchmal fühlen wir uns richtig schlecht wegen dem, was wir gesagt oder getan haben. Diese Schuld können wir überwinden, indem wir die Wahrheit über die Vergebung Gottes für uns in Anspruch nehmen.

3. *Wer die Wahrheit (er)kennt, kann „dennoch" Hoffnung behalten.* Wenn wir glauben, dass Gott immer und überall bei uns ist – auch in den schlimmsten Stunden –, werden wir unsere Hoffnung nicht verlieren und an Gott dranbleiben.

4. *Wer die Wahrheit (er)kennt, dass er Gottes geliebtes Kind ist, kann sich selbst annehmen.* Wenn wir erkennen, dass Gott uns nicht nur geschaffen hat, sondern auch seinen Sohn für uns am Kreuz hat sterben lassen, können wir auch glauben, dass wir in Gottes Augen wichtig und wertvoll sind.

Wenn es abends dunkel wird, vergessen Sie nicht: Es gibt Strom! Gott selbst bringt das Licht in Ihr Leben, damit Sie seine Wahrheiten erkennen und befreit leben können. Für immer!

22

Neue Kleider

....

Als Kind bekam ich jedes Jahr zu Ostern ein neues und größeres Kleid. Und weil ich dieses Kleid erst am Ostersonntag zum ersten Mal tragen durfte, hing es zunächst vor meinem Kleiderschrank, sodass ich es mir schon mal anschauen konnte. Allein beim Anschauen dieses Kleides wuchs in mir die Vorfreude auf Ostern. Ostern war für mich immer berechenbar. Es hieß: wunderbare Neuigkeiten entdecken, erleben und genießen – wie zum Beispiel auch die leckeren Überraschungseier, die meine Eltern für mich versteckten.

Wenn ich mein Leben heute anschaue, muss ich zugeben, dass ich Neuem oder Veränderungen nicht immer mit dieser Offenheit und Erwartung begegne. Besonders dann nicht, wenn alles gerade „so schön läuft". Manche Neuigkeiten verunsichern mich sehr. Oder sie bedeuten, dass ich mich nicht mehr so verhalten kann wie vorher. Ein unerwartetes Erlebnis oder eine überraschende Begegnung können mich im wahrsten Sinne des Wortes von jetzt auf gleich „alt" aussehen lassen. Gerade dann, wenn der Griff in die Schatztruhe meiner Erfahrungen versagt. Anstatt mir das Neue ein bisschen näher anzuschauen oder mich mutig auf eine neue Erfahrung einzulassen, tauche ich viel lieber ab in die Erfahrungen der Vergangenheit oder in die „der anderen".

Ich verweile oft im Altbekannten, weil ich vermute, das Neue könnte mich verändern, und zwar so, dass nicht ich, sondern das Neue mich überwiegend bestimmt.

Dabei fordert mich doch der Glaube auf, eine Entdeckungsreise zu machen. Mit dem Tod und der Auferstehung Jesu, die die Christenheit an Ostern feiert, hat Gott ein ganz neues Kapitel in der Geschichte der Menschheit aufgeschlagen. In der Bibel steht: „Wenn also jemand mit Christus verbunden ist, ist er eine neue Schöpfung: Was er früher war, ist vergangen, etwas Neues ist entstanden" (2. Korinther 5,17; NeÜ). Kennzeichen eines Menschen, der sich auf Gott einlässt und ein neues Leben beginnt, sind die unglaublichen Veränderungen, die nie aufhören. Und wie diese Veränderungen im Einzelnen aussehen können, steht auch in der Bibel (z. B. in Kolosser 3).

Gott bietet uns dafür seinen Halt an. Er spricht uns durch Jesus zu: „Ich mache alles neu!" (Offenbarung 21,5). Auf ihn zu vertrauen engt nicht ein, sondern erweitert die Möglichkeiten unseres Lebens. Wir werden mutiger, wenn wir glauben, dass Gott uns trägt. Glaube macht kreativ. Gott liebt uns schöpferisch. Gott ermutigt uns, unseren alltäglichen Erfahrungen eine neue Gestalt zu geben. Die festgefahrenen, sicheren Bahnen unseres Alltags schränken uns ein. Wir dürfen uns entfalten. Weil Gott uns sichert, trauen wir uns, neu zu leben – auch in neuen Kleidern, die manchmal vielleicht erst einmal zu groß sind.

23

Das Beste vom Guten wählen

Ganz nach dem Motto „Man muss die Feste feiern, wie sie fallen" haben wir einen schönen Abend zusammen mit unserer kanadischen Schwiegertochter in einem Restaurant verbracht. Wendy, eine sehr zierliche Person, starrte dabei konzentriert und zugleich verblüfft auf ihre üppige Portion deutscher Kochkunst und flüsterte vor sich hin: *„Focus on the meat"* – „Konzentriere dich auf das Fleisch!"

Zu viel des Guten kann bekanntlich kippen und das Gegenteil bewirken. Dabei geht es nicht nur um ein wohlbestelltes Menü im Restaurant, sondern auch um die Vielfalt der Angebote des Lebens. Hier hilft uns nur eins: die Fokussierung auf das Wesentliche, das Entscheidende, das Beste.

Genau diese Erfahrung steht am Anfang des Christentums. In der Apostelgeschichte finden wir einen Bericht über die Fokussierung im Blick auf den christlichen Glauben (Apostelgeschichte 2,42–46). Vier Aspekte werden uns ans Herz gelegt: die Fokussierung auf Gottes Wort – die Bibel –, das Gebet, die Botschaft vom Kreuz – Jesu stellvertretender Tod für Ihre Sünde und Schuld – und die Gemeinschaft der Christen.

Die Bibel ist die perfekte Bedienungsanleitung unseres Schöpfers für unser Leben. Hier offenbart Gott, wie er denkt, was sein Wille ist und wie er uns führt. Hier finden wir alles, was wir zum Leben brauchen: Wegweisung, Trost, Hoffnung, Vergebung und vieles mehr. Ein Psalmist schrieb: „Eine Leuchte für meinen Fuß ist dein Wort, ein Licht für meinen Pfad" (Psalm 119,105).

Nicht nur das Hören auf Gott prägte den Alltag der ersten Christen, sondern auch das Gespräch mit Gott: Alles Loben und Danken, Bitten und Beten für andere war eine Antwort auf Gottes Reden. Es war ein Zeichen ihres Vertrauens: Wer betet, sieht sich, seinen Nächsten und das ganze Leben anders – aus Gottes Augen.

Die Gewohnheit, dass die ersten Christen regelmäßig das Abendmahl feierten, diente dazu, die entscheidende Botschaft vom Kreuz nicht aus den Augen zu verlieren. Der christliche Glaube wird an Dynamik verlieren, wenn es zu einer „Jesus und ..."-Mentalität kommt oder wenn Traditionen und Äußerlichkeiten Gottes Wort und den gekreuzigten Jesus überschatten.

Die Gemeinschaft unter den Christen war auch gekennzeichnet durch ein gegenseitiges Geben und Nehmen: einen Austausch über die Erfahrungen des Lebens als Christ, von Ermutigungen und Ermahnung, von Gottes Liebe in Wort und Tat.

Gerade diese Fokussierung auf das Wesentliche im Leben hat Menschen immer wieder überzeugt, dass Jesus tatsächlich Gottes Sohn ist. Da, wo mein Glaube stagniert, muss ich mich fragen: Lebe ich noch fokussiert?

24

Warum kompliziert,
wenn's einfach geht?

....

Jedes Mal stellen mich Aufgaben vor die Herausforderung, Gott neu zu vertrauen. Oft bewegen mich in der Vorbereitung von Vorträgen und Andachten Fragen wie „Was soll ich bloß den Menschen sagen?", oder: „Was brauchen sie?"

So war es auch bei einem meiner ersten Vorträge. Die Vorsitzende eines christlichen Frauenvereins in Deutschland hatte mich gebeten, bei einem Studientag Referate für leitende Frauen in der Frauenarbeit zu halten. Doch diese Frauen waren alle viel erfahrener, reifer und weiser als ich. Was sollte ich ihnen also weitergeben?

Ich bat Gott, mir zu helfen, das richtige Thema zu finden. Denn ich hatte keine Ahnung, was für sie dran war, was sie brauchten und was Gott ihnen sagen wollte. Und weil ich aus der Bibel gelernt hatte: „Gott hat die Menschen einfach und aufrichtig geschaffen, aber manche wollen alles kompliziert haben" (Prediger 7,29; GNB), versuchte ich, die Sache in einer gewissen Unkompliziertheit anzupacken. Ich habe Gott einfach im Gebet gesagt, ich wisse nicht, welches Buch ich zur Anregung und Inspiration aus dem Regal ziehen sollte, aber er könne mich auch anders zum richtigen Thema führen.

So kam ich, nachdem ich zwei Wochen lang nach einem passenden Thema Ausschau gehalten hatte, während des Bibellesens zu einem ansprechenden Text im Korintherbrief. Persönlich konnte ich mir diesen Text gut vorstellen. Aber war es auch das Thema, das Gott im Sinn hatte? Das wusste ich nicht, also betete ich weiter und bat Gott um eine Bestätigung. Und tatsächlich, genau zwei Wochen später bekam ich von meinen Eltern überraschend ein Paket aus Kanada, in dem viele gebrauchte Bücher waren. Und eines der Bücher war eine Studie zu meinem Bibeltext. Das war für mich meine Bestätigung. Nun konnte ich getrost und zuversichtlich mit meiner Arbeit beginnen – mit Gott als Rückenwind. Bald war der Vortrag geboren, und ich freute mich riesig auf den Studientag, denn Gott war schon mittendrin!

Der Prediger Oswald Chambers hat einmal gesagt: „Rede mit Gott über alles, was dir auf dem Herzen liegt. Dann sage Amen und geh in Ruhe deinem Alltag und deinen Alltagsbeschäftigungen nach. Es ist in deinen Alltagsbeschäftigungen, wo Gott dich weiterführen und zum Ziel bringen wird."

So unkompliziert ist Gott. So unkompliziert können wir selbst sein. So einfach können wir über alles mit Gott reden und so unkompliziert sollen wir dann anschließend unseren Alltag anpacken und wissen, dass Gott uns und alles andere im Auge behält.

25

Was wir sehen – und nicht sehen

Wenn wir in ein Restaurant gehen, dann sitzen wir gern mit dem Rücken zur Wand. Von da aus können wir die Menschen um uns herum gut beobachten und gewinnen einen Eindruck von ihnen. Durch das Beobachten können wir so manches an den Menschen wahrnehmen, und es ist unterhaltsam, für sich selbst Rückschlüsse zu ziehen. Wir haben aber auch über die Jahre festgestellt, dass der äußere Eindruck oft täuscht. Lernen wir die Menschen dann näher kennen, ergibt sich ein ganz anderes Bild.

Ein bekannter Redner beobachtete in einer Veranstaltung ein Ehepaar. Der Ehemann sah eher gelangweilt und mental abwesend aus. Oft waren seine Augen geschlossen, und es schien für ihn offensichtlich, dass die Ehefrau den Mann „mitgeschleppt" hatte und er die ganze Veranstaltung nur widerwillig über sich ergehen ließ. Genau dieses Ehepaar sprach den Redner nach der Veranstaltung an und die Frau sagte: „Wissen Sie, mein Mann ist sehr krank und muss viele Medikamente nehmen, die ihn sehr ermüden. Aber er hatte einen Wunsch: Er wollte Sie gerne einmal ‚live' erleben, da Ihre Bücher und Ansprachen ihn so sehr ermutigt haben." Für den Redner war diese Erfahrung eine Lektion fürs Leben.

Vor Kurzem sagte uns jemand: „Wenn ich heute meinen Bruder öffentliche Referate halten höre, dann kommen mir immer die Tränen. Er hat es als Kind sehr schwer gehabt. Wir hatten nicht geglaubt, dass er sein Leben so wunderbar meistern würde." Gott überrascht uns immer wieder. Denn aus seiner Sicht bestimmt unsere Vergangenheit nicht unsere Zukunft. Gott sagt: „Was habt ihr, dass ihr dieses Sprichwort im Land Israel gebraucht und sprecht: Die Väter essen unreife Trauben, und die Zähne der Söhne werden stumpf? So wahr ich lebe, spricht der Herr, HERR, wenn ihr diesen Spruch in Israel noch gebraucht! Siehe, alle Seelen gehören mir; wie die Seele des Vaters, so auch die Seele des Sohnes" (Hesekiel 18,1–4).

Für uns sind diese Erfahrungen eine Herausforderung, barmherzig mit unseren „Beurteilungen" umzugehen. Wir sehen oft nur einen begrenzten Ausschnitt aus dem Leben eines anderen Menschen und wissen so wenig über die Rahmenbedingungen, mit denen dieser Mensch sein Leben gestalten muss. Wilfried hat vier Jahre in einem Jungeninternat verbracht – eine harte Lebensschule –, und heute sagt er spaßeshalber: „Die Hälfte meiner Macken kann ich mit diesen vier Jahren erklären." Dabei haben diese Jahre ihn auch zur Selbstständigkeit erzogen, sodass er mit 17 Jahren auswandern und ein Leben in einem anderen Land aufbauen konnte.

Wir wissen nicht, was Gott mit einem Menschen vorhat und welche verborgenen Gaben noch in ihm schlummern. Barmherziger Umgang bedeutet für uns: Wir möchten den Nächsten als Geschöpf Gottes mit einem unbegrenzten Potenzial sehen und achten. Wir möchten den Nächsten mit Gottes Augen sehen. Dazu gehört auch das Vertrauen in einen Gott, der Menschen beruft und befähigt – einen Gott, der unser Leben verändern will und kann. Es ist nicht so wichtig, wie wir andere Menschen oder uns selbst sehen. Entscheidend ist, wie Gott uns sieht.

26

Bleiben Sie gesund

Traurig, aber wahr: Es gibt eine ganze Reihe von Gründen, die dazu führen können, dass Menschen an ihrem Glauben an Gott leiden, anstatt sich an ihm zu erfreuen. Und manche erkranken sogar seelisch. Drei Gründe fallen uns auf Anhieb auf:

1. *Der Glaube wurzelt in einer falsch verstandenen Gnade.* Christen akzeptieren und vertrauen darauf, dass für ihre Vergebung von Sünde und Schuld und für ihre Errettung zum ewigen Leben von Jesus Christus alles für sie getan worden ist. Sie empfangen Gnade und ewiges Leben als ein unverdientes Geschenk Gottes, weil sie ihm vertrauen. Leider versuchen manche Christen dennoch nach einiger Zeit, sich diese unverdiente Güte Gottes auf irgendeine Weise zu verdienen. Sie tun bestimmte Dinge und leisten ganz spezielle Opfer, die Gott so nie gefordert hat. Es ist natürlich überhaupt nicht falsch, dass man durch sein Leben Gott ehren will, denn das wünscht Gott sich ja. Aber wenn das Motiv unserer „Liebe" zu Gott aus einer versteckten Rechtfertigung durch die eigenen guten Werke besteht, dann ist der Glaube krank, und der Mensch, der so lebt, wird es vielfach auch.

2. *Falsche Erwartungen machen unfrei.* Ich habe einmal gehört, wie Christen voller Überzeugung davon ausgingen, dass sie mit ihren Gebeten Gott zwingen können, ganz bestimmte Dinge zu tun. Gewiss bewegt das Gebet den Arm Gottes, denn er will ja das Beste für seine Kinder und hört auf ihr Flehen. Und doch bleibt er souverän. Deshalb ist das Hören auf Gottes Wort von entscheidender Bedeutung. Gebetserhörungen Gottes können auch aus einem „Nein" oder aus einem „Später" aus Liebe bestehen. Wer hier nicht offen für Gottes Antwort ist, beginnt, an seinem Glauben zu leiden.

3. *Hinzu kommt die Vortäuschung falscher Glaubenstatsachen.* Da, wo der Glaube als Garant für Wohlstand, Gesundheit und Anerkennung gehandelt wird, werden Menschen gezwungen, ein solches Leben auch darzustellen (zumindest nach außen!) – selbst wenn es nicht ihrer Lebenssituation entspricht. Die Formen und Gesichter des Segens Gottes sind dann von Menschen gemacht. Und wehe dem, der diese Segensnorm nicht erfüllen kann!

Wie aber kann ich verhindern, dass der Glaube mich krank macht? Gesund bleibt der Glaube dort, wo ich ihn nicht primär als Regelwerk und Dogma, sondern als eine Beziehung zu Gott erlebe, wie es schon in 1. Korinther 1,9 heißt: „Gott ist treu, durch den ihr berufen worden seid in die Gemeinschaft seines Sohnes Jesus Christus, unseres Herrn." Eine solche Beziehung stellt den Glauben auf ein völlig anderes Fundament:

Da kann ich Gott im Gebet alles sagen und erlebe, wie sein Wort mein Denken und Verstehen öffnet. Zugleich erwächst aus der Beziehung zu ihm auch die Beziehung zu anderen Menschen. Ich erkenne die Bedeutung der Gemeinde. Sie wird zu dem Ort, an dem Menschen sich gegenseitig zur Seite stehen, sich im Glauben ermutigen und, wo nötig, auch in Liebe kritisieren. Eine solche Gemeinschaft trägt uns und gibt uns Raum zum Wachsen. So kann sich gesunder Glaube und seelische Gesundheit garantiert entfalten.

27

Ich will nicht bleiben, wie ich bin

Gott liebt Kinder. Das ist keine fromme Floskel. Die Liebe Gottes zeigt sich in konkretem Tun. Jesus – der Mensch gewordene Gott – hatte Zeit für Kinder (Markus 10,13–16). Und dieser Umgang spiegelt das Verhältnis von Gott, dem Vater, zu seinen Kindern wider.

Zum Kind Gottes wird ein Mensch, wenn er an ihn glaubt (Galater 3,26). Und Gottes Familie funktioniert nach den gleichen Grundgesetzen wie eine irdische Familie: Nachdem man hineingeboren wurde (Johannes 1,12–13), beginnt der Prozess des Lernens, Reifens und Wachsens. Und jeder, der in die Familie Gottes hineingeboren wird, nimmt Teil an diesem Prozess. So heißt es in der Bibel: „Wenn also jemand mit Christus verbunden ist, ist er eine neue Schöpfung: Was er früher war, ist vergangen, etwas Neues ist entstanden" (2. Korinther 5,17; NeÜ).

„Mit Christus verbunden sein" – das ist der neue Status eines Menschen vor Gott, wenn er im Glauben vertraut. Früher lebte er gottlos – war er „los von Gott". Jetzt lebt er in lebendiger Gemeinschaft mit Gott durch den Glauben an Jesus Christus. Und auch wenn diese Zugehörigkeit noch nichts über Reife und Verständnis eines Menschen aussagt, so kann sie ihm doch von niemandem mehr genommen werden.

Und doch sagt uns Gottes Wort auch, dass wir nicht bleiben werden, wie wir sind, wenn wir uns Gott anvertrauen. Ständig werden wir erneuert (Kolosser 3,10). Der Apostel Paulus spricht hier von einem Wachstumsprozess, den Menschen in der Beziehung mit Gott erleben. Vier Dinge sind uns bei der Betrachtung dieses Prozesses aufgefallen:

1. *Der Prozess meiner Veränderung wird bestimmt von meiner Begegnung mit Gott.* Und das nicht nur bei meiner ersten Begegnung, als ich mich als Sünder erkannt und Gottes vergebende und erneuernde Kraft erlebt habe. Ich erlebe auch Veränderung, wenn ich mich mit Gottes Wort beschäftige, indem ich ständig neu erkenne, was er in meinem Leben erneuern möchte. Und weil mit ihm diese Erneuerung möglich ist, ist diese Begegnung faszinierend und herausfordernd. Ich brauche nicht zu bleiben, wie ich bin. Ich darf durch das Wirken von Gottes Wort und seinem Heiligen Geist Veränderungen an mir erfahren, die mir und anderen guttun.

2. *Der Prozess der Veränderung wird bestimmt von meiner Begegnung mit anderen, die an Gott glauben.* Es ist wichtig, dass wir Menschen treffen, die ebenfalls Mut machende Erfahrungen mit Gott gemacht haben. Nicht selten erkennen wir im ehrlichen Austausch mit anderen Christen, was von Gottes gutem Willen wir in unserem Leben schon umgesetzt haben, was

wir noch anpacken müssen und auch, was wir noch lernen müssen.

3. *Der Prozess der Veränderung beinhaltet Versagen.* Das Leben als Kind Gottes, als „neuer Mensch", ist keine Erfolgsgeschichte nach der anderen. Häufig erleben wir unsere eindrücklichsten Veränderungen in unserem persönlichen Versagen. Denn gerade auf dem Hintergrund unserer Unfähigkeit scheint die verändernde Kraft Gottes umso heller.

4. *Der Prozess der Veränderung ist garantiert durch Gottes Treue.* Egal, wie sehr wir uns bemühen: Wer im Prozess der Veränderung Gottes lebt, stößt immer wieder an seine Grenzen. Besonders dann macht Gottes Treue neuen Mut: „Wenn wir untreu sind – er bleibt treu, denn er kann sich selbst nicht verleugnen" (2. Timotheus 2,13). Er selbst hält uns und führt uns zu einem sicheren Ende: „Ich bin ganz sicher, dass Gott das gute Werk, das er in euch angefangen hat, auch weiterführen und am Tag, an dem Christus wiederkommt, vollenden wird" (Philipper 1,6; NeÜ).

28

Stoppschilder des Alltags

....

Kennen Sie die Namen Habakuk, Nahum, Obadja, Ze-
fanja, Hesekiel oder Jeremia? Wenn nicht, wäre das nicht
verwunderlich. Es sind die Namen von Propheten aus
dem Alten Testament und sie stehen nicht unbedingt
auf den bekanntesten Seiten der Bibel.

Die Propheten waren auch nicht unbedingt die größ-
ten Sympathieträger. Sie haben kritisiert, hinterfragt und
geschimpft, ihre Grundeinstellung war oft voller Wut
und Zorn. Außerdem waren sie auch noch überaus thea-
tralisch. Der Prophet Hosea heiratete etwa eine Prosti-
tuierte, nur um die Untreue der Menschen gegenüber
Gott zu verdeutlichen. Hesekiel buk seine Gerstenfla-
den auf Menschenkot, um die Menschen darauf hinzu-
weisen, wie Gott sein Volk verstoßen wird.

Man sollte die Propheten, von Gott sensibilisierte
Menschen mit einem feinen Gespür für Wahrheit und
Gerechtigkeit – besonders, wenn es um Gottes Gerechtigkeit und seine Wahrheit geht – jedoch nicht gering schätzen. 17 der 66 Bücher der Bibel wurden von
Propheten geschrieben. Sie sahen die Welt, wie Gott
sie sah, und das zerriss ihnen ihr Herz, sodass sie ärgerlich und wütend wurden. C. S. Lewis hat es so beschrieben: „Wut ist das, was ausfließt, wenn die Liebe
geschnitten wird."

Ihr massives Auftreten hatte also seine Gründe. Damals wie heute läuft der Mensch dem Leben hinterher – er rennt so schnell, dass er deutliche Stoppschilder im Leben benötigt, um Pausen einzulegen und dadurch das Eigentliche im Leben zu erkennen. Der amerikanische Philosoph Rollo May hat gesagt: „Es ist die tragische Gewohnheit des Menschen, dass er anfängt schneller zu laufen, wenn er sich verrannt hat." Aber wie erreicht man denn Menschen, die sich keine Zeit mehr zum Hören nehmen?

Stoppschilder des Alltags müssen nicht nur außergewöhnlich sein, um wahrgenommen zu werden. Sie müssen auch glaubwürdig sein. Der Anspruch des Evangeliums von Jesus Christus verheißt ein neues Leben – ein verändertes Leben. Wort und Tat müssen im Einklang stehen. Die Bibel nennt die Christen Heilige. Das bedeutet nicht, dass sie fehlerlos sind. Im Gegenteil. Nur weil Christus sich ihrer Fehler annimmt und sie verändert, werden sie heilig. Scheinheilige, die ein neues Leben aus sich selbst heraus und nicht aus der Beziehung zu Jesus leben, bringen niemanden zum Stehenbleiben und Umdenken.

Auch heute gibt es noch Botschafter Gottes, die wie Stoppschilder in unser Leben treten. Im Neuen Testament heißt es, dass Christen Botschafter an Christi statt sind (2. Korinther 5,20). Christen sind Stoppschilder, wenn sie von dem erzählen, was sie mit Gott erlebt haben, und damit wie die alten Propheten den Menschen wieder Gottes Sicht näherbringen. Menschen ohne eine lebendige Beziehung zu Gott fehlt das Eigentliche im Leben, auch im Blick auf die Ewigkeit. Da, wo Sie sich

also zu Jesus bekennen, sind Sie automatisch Botschafter seines Evangeliums.

„Wer in Gott eintaucht, taucht neben den Menschen
lebendig auf."

29

Kein Problem ist zu groß

Was gibt es nicht alles für Probleme in unserer Welt – große wie kleine. Wir sehnen uns nach Frieden für die Krisengebiete dieser Welt. Wir suchen nach Lösungen, um die wirtschaftlichen Herausforderungen in den Griff zu bekommen. Und dann ist da noch unsere eigene kleine Welt, die nicht immer eine heile Welt ist, wo zwischenmenschliche Spannungen und die eigene Unzulänglichkeit uns Probleme machen. Wer ein Bewusstsein dafür hat, ist aufgefordert, Verantwortung zu übernehmen.

Wie gehen Sie mit Ihren Problemen und Herausforderungen um? Uns ist aufgefallen, dass der Mensch im Allgemeinen zwei Wege sucht. Der erste ist der des Ignorierens. Man hofft, dass mit der Zeit alles von alleine ins Lot kommt oder dass das Problem in Vergessenheit gerät. Beliebter noch ist die Verlagerungsmethode. Schuld an den Problemen, die wir haben, ist immer ein anderer. Oder aber wir ziehen uns mit dem Verweis auf unsere Vergangenheit oder die widerwärtigen Umstände geschickt aus der Verantwortung.

Im Buch des Predigers wird uns eindringlich vor Augen gehalten, dass wir in der Verantwortung für unser Leben stehen. Ganz ohne Frage dürfen wir es genießen, aber Gott wird uns auch einmal zur Rechenschaft ziehen. Auch zur Rechenschaft darüber, wie wir mit den

Problemen umgegangen sind, die wir nicht gelöst haben, obwohl wir es hätten tun können.

Die Bibel spricht davon, dass jeder Mensch von Geburt an gottlos ist. Damit meint sie, dass wir „von Gott los" sind, gelöst aus der Gemeinschaft mit ihm. Doch außerhalb der Gegenwart Gottes fehlt uns auch sein Segen. Es gibt kaum einen zweiten Bibelvers, der uns persönlich so viel Mut macht, wie jenen im Buch Nehemia, der aussagt, dass Nehemia alles gelang, weil Gottes gnädige Hand über ihm war. Das ist es, was wir alle brauchen: Gottes Hand über unserem Leben.

Es gibt Momente, in denen uns unser Unvermögen und auch das Wissen um unser Verlorensein schlagartig bewusst werden. Wem klar wird, dass es über dieses Leben hinaus auch eine Ewigkeit gibt – eine Zeit, die Gott gehört –, der begreift auch das Problem seiner eigenen Gottesferne, aus der er sich allein nicht erlösen kann. Wie gut tut es da, zu wissen, dass Gott dieses Problem für uns gelöst hat. In der Person Jesus Christus ist er in diese Welt gekommen. Der Sohn Gottes wurde zur Brücke zwischen uns Menschen und dem allmächtigen Gott. Auch heute noch ist er allein derjenige, der das wegnimmt, was uns von Gott trennt: all unsere Unzulänglichkeit, unsere Sünde und Schuld. Er macht uns gemeinschaftsfähig mit Gott. Und erst in der Gemeinschaft mit dem allmächtigen, allwissenden und allgegenwärtigen Gott können wir jedes Problem – ob klein oder groß – in Angriff nehmen und erfahren, dass er uns trägt.

30

Wer zuletzt lacht

Ein altes Sprichwort sagt: „Wer zuletzt lacht, lacht am besten." Diese Lebensweisheit bestätigt sich immer wieder und bestimmt haben Sie das auch schon einmal erlebt. Nur, wer wird zuletzt lachen? Wer kann auch am Ende froh sein, die richtige Entscheidung getroffen zu haben? Ja, dazu müsste man die Zukunft kennen.

Ihre Zukunft können wir Ihnen nicht voraussagen, aber wir können Sie auf den verweisen, der Ihre Zukunft kennt: Jesus Christus. Er sagt von sich: „Ich bin [...] der Anfang und das Ende" (Offenbarung 22,13). Dieser Jesus Christus, der Ihr Leben kennt, bietet an, Sie durch das Leben zu führen. Den Menschen, die sich ihm anvertrauen, hat er versprochen, sie zu begleiten bis zum Ende der Welt. Mit anderen Worten: Sie sind nie mehr allein, egal, in welcher Situation Sie sich befinden.

Dieses Leben mit Jesus Christus beginnt mit einer Standortbestimmung. Wenn Sie sich mit dem Auto verfahren haben, müssen Sie zuerst feststellen, wo Sie sich genau befinden. Dann erst können Sie den Weg zum Ziel festlegen.

Es gibt eine Geschichte von dem kleinen Sohn eines Polizeibeamten, der stolz wie Oskar ist, weil er die Polizeimütze seines Vaters aufgesetzt hat. Denn obwohl sie ihm viel zu groß ist, fühlt er sich wie ein richtiger Polizist.

Geht es Ihnen mit Gott wie diesem Jungen mit der Mütze? Sie sind getauft und konfirmiert und haben doch das Gefühl, dass Ihnen der Glaube eher übergestülpt wurde? Und als persönlicher Retter und Freund ist Ihnen Jesus Christus unbekannt?

Nach Aussage der Bibel ist jeder Mensch zunächst einmal von Gott getrennt. Sicher, einer mag näher dran sein als der andere. Und doch reicht auch das beste Leben, das ein Mensch führen mag, nicht, um vor Gott als gerecht zu bestehen (vgl. Römer 3,23). Sünden – große wie „kleinere" – trennen Menschen von Gott. Mord, Ehebruch, Hass, Betrug, Unehrlichkeit oder auch „nur" Gleichgültigkeit und Stolz (und vieles andere) werden zu einer Mauer, die kein Mensch überwinden kann. Jesus wurde zur Tür in dieser Mauer, indem Gott die Sünde und Schuld jedes Menschen auf ihn gelegt hat, damit von da an alle, die das wollen, wieder in seine Gegenwart kommen können.

Dieses Angebot gilt auch Ihnen. Jesus nimmt nicht nur Ihre ganz persönliche Schuld weg. Er erfüllt Ihr Leben und schenkt Ihnen Frieden und die Gewissheit eines ewigen Lebens. Friede, Liebe und Versöhnung – all das können Sie heute schon erfahren. Darum möchten wir Ihnen Mut machen, Ihr Vertrauen ganz auf Jesus Christus zu setzen, der Sie mit dem heiligen Gott versöhnen will. Das ist die beste Zukunftsversicherung, die Sie abschließen können, denn sie gilt selbst über den Tod hinaus. In der Bibel werden die Worte von Jesus überliefert: „Wer mich rufen hört und mir öffnet, zu dem gehe ich hinein" (Offenbarung 3,20; NeÜ).

Haben Sie die Tür Ihres Lebens für Gott schon ge-
öffnet? Dann gehören auch Sie am Ende zu den Glücklichen.

31

Renovierungsbedarf?

1985 war für uns ein wichtiges Jahr. Wir sind damals von Kanada nach Deutschland umgezogen. Ein solcher Umzug musste sehr gut geplant werden. Wir konnten keine Elektrogeräte mitnehmen, da die Voltzahlen unterschiedlich sind. Die Schränke in Kanada sind Einbauschränke, die wir so auch nicht mitnehmen konnten. Doris ist dann als „Vorbote" ein paar Monate vor dem Umzug für ein paar Wochen nach Deutschland gereist und hatte freie Hand, alles zu planen und auszusuchen. Ein Freund sagte ihr später: „Wilfried hat dich das doch nur alles machen lassen, weil er sich dann nicht damit herumschlagen musste."

Ich muss gestehen, darin steckt ein Funken Wahrheit. Aber ausschlaggebend war mein Wissen über und mein Vertrauen in Doris und ihre Fähigkeiten. Ich wusste, sie würde uns als Familie ein wohnliches und schönes Zuhause einrichten. Für uns als Familie war und ist das sehr wichtig, denn unser Zuhause ist eine Anlaufstation in unserem Alltag.

Wohnen ist viel mehr als nur besuchen. Der Besuch lässt normalerweise alles so, wie er es vorfindet. Wer aber Wohnung nimmt und richtig einzieht, der wird den Wohnbereich auch mitgestalten. Dann geht es um eine neue gemeinsame Wohnkultur.

In einem Gebet für Christen in der Stadt Ephesus bittet der Apostel Paulus, dass Jesus Christus durch den Glauben in ihnen wohnen solle (Epheser 3,17). Das Wort, das hier mit „wohnen" übersetzt wird, bezeichnet ein ständiges Verweilen und nicht eine augenblickliche Anwesenheit oder ein stetes Kommen und Gehen. Durch den Glauben möchte Jesus Christus in uns wohnen und damit unseren Lebensbereich neu gestalten.

Zurzeit gibt es im Fernsehen die Sendung „Wohnen nach Wunsch". Die Hausbesitzer werden unter einem Vorwand weggeschickt, und dann werden im Haus die Zimmer oder der Garten neu gestaltet. Die Sendung endet mit den Bildern von überraschten, dankbaren und frohen Menschen, deren Wohnung neu gestaltet wurde. Da waren Profis am Werk, und das sieht man dann auch.

Diese Freude und noch viel mehr erleben Menschen, wenn sie Jesus Gestaltungsfreiheit in ihrem Leben geben. Dabei ist er mehr als ein Profiteam von Handwerkern. Er ist der Schöpfer des Lebens, und er kommt nicht nur für einen Renovierungsjob vorbei, sondern ist immer anwesend. Wenn Sie den Epheserbrief des Apostels Paulus weiterlesen, dann entdecken Sie seine Beschreibungen, wie die Liebe Gottes unser Leben neu gestaltet.

Für uns gibt es zwei Fragen. Einmal geht es um die grundsätzliche Bereitschaft, unseren Lebensbereich Jesus zur Verfügung zu stellen. Zum anderen wäre es auch gut, wenn die Begeisterung über die neue Wohnung mehr sichtbar würde. Das könnte ansteckend sein für all die Menschen, die sich nach einer Renovierung ihres Lebens sehnen.

32

Was vermissen Sie?

Vor einiger Zeit hatten wir die Möglichkeit, die Arbeit des Hilfswerks „Compassion" in Äthiopien kennenzulernen. Äußerlich erinnert dieses Land in manchen Regionen überraschenderweise an die Toskana – besonders im Frühling nach der Regenzeit. Aber nur in der Natur, denn in Wirklichkeit sind die Menschen in diesem Land bettelarm. Immer noch leben fast 40 Prozent aller Äthiopier unter der Armutsgrenze. Immer noch liegt die Lebenserwartung der Männer bei 48 Jahren und der Frauen bei 50 Jahren. Immer noch sterben 15 Prozent aller Menschen an unreinem Wasser. Immer noch sind zwei Millionen Menschen an Aids erkrankt. Immer noch können nur 50 Prozent der Männer und 35 Prozent der Frauen lesen und schreiben. Immer noch gibt es so viele Entbehrungen und so viele traurige Geschichten, mit denen diese Menschen leben müssen.

Aber trotz dieser unübersehbaren Armut und obwohl es so viele verschiedene ethnische Gruppen mit den unterschiedlichsten Einstellungen gibt, haben die Äthiopier eins gemeinsam: Sie sind auffallend freundlich. Charaktereigenschaften wie Demut, Ehrenhaftigkeit und Höflichkeit werden sehr geschätzt. Das hat uns überrascht. Damit hatten wir nicht gerechnet. Mit Slums, Blechhütten, Bettlern, mit einem Leben ohne

Strom und Leitungswasser – damit hatten wir gerechnet. Diese Bilder waren uns durch die Medien bekannt. Aber diese beeindruckende Einstellung zum Leben und zu den Menschen, trotz so vieler Widrigkeiten, hat uns tief bewegt. Unvergesslich bleibt uns bis heute die Antwort einer 17-jährigen Schülerin auf die Frage: „Was vermisst ein junger Mensch hier in Äthiopien auf dem Lande?" Ihre spontane Antwort war: „Dass wir nicht genug Geld haben, um Öl für meine Lampe (Blechdose) zu kaufen, damit ich abends noch für die Schule lernen kann." Verblüffend! Wir dachten, jetzt käme so etwas wie das bewegte Stadtleben, Geld für nette Klamotten, Disko, ein Mofa etc. Aber die Möglichkeit, zur Schule zu gehen, war für dieses Mädchen ein großes Privileg. Es war ein Weg aus der Armut, eine Chance, im Leben etwas zu tun, das ihr das Gefühl von Selbstwert gibt. Das wusste sie und diese Möglichkeit hat sie nicht nur dankbar wahr-, sondern auch ernst genommen.

Diese Eindrücke bewegen uns bis heute. Wie hätten wir auf die Frage geantwortet: „Was vermisst du als Mann oder als Frau in Deutschland?" Wenn wir die Einstellung der Äthiopier vor Augen haben, wissen wir, dass uns nichts fehlt außer mehr Freundlichkeit, Dankbarkeit und Bescheidenheit im Leben. Uns ist schon so viel Gutes geschenkt worden: gutes Essen, ein warmes Haus, Leitungswasser, sanitäre Anlagen, ein Auto, Medizin und das Wichtigste, unser Glaube an Gott. Uns fehlt nur noch, dass wir das Gute bewusst wahrnehmen, schätzen und weitergeben an diejenigen, die viel weniger haben. Wenn wir es nicht tun – als Menschen, die auf der westlichen und reicheren Seite dieser Erde leben –, wer dann? Das wollen wir in unserem Leben ändern. Aus Dankbarkeit Gott gegenüber.

Und wie hätten Sie auf die Frage geantwortet: „Was vermissen Sie in Ihrem Leben"?

33

Die Generation von
morgen prägen

Nach den „Babyboomers" und der „Generation X" kamen die „Millennials" im Jahr 2000. Das ist die Generation all derjenigen, die in den 80er- und 90er-Jahren geboren sind. Was diese Jugendlichen und jungen Menschen bewegt und was ihre Sehnsüchte sind, hat eine Umfrage des amerikanischen Meinungsforschungsinstituts Gallup festgehalten. Sie haben das Bedürfnis,

* dass man ihnen Vertrauen schenkt,
* geliebt zu sein,
* in ihrem Umfeld (Zuhause, Schule) sicher und geborgen zu sein,
* ein Leben mit Bedeutung und Sinn zu führen,
* gehört und verstanden zu werden,
* in ihren Bemühungen unterstützt zu werden.

Wenn Erwachsene dies lesen, denken sie vielleicht: „Das ist doch nichts Neues. Diese Bedürfnisse hatten auch wir schon!" Stimmt. Und doch scheint heute mehr auf dem Spiel zu stehen, wenn sie nicht erfüllt werden. Millennials greifen weitaus schneller zu extremer Gewalt als die Generationen vor ihnen, wovon nicht zuletzt die furchtbaren Amokläufe an amerikanischen und deutschen Schulen zeugen.

Das Ergebnis der Umfrage zeigt aber noch etwas: Jugendliche von heute brauchen nicht nur die Führung durch Erwachsene, sondern sie sehnen sich regelrecht danach. Ihr größter Hilfeschrei geht dabei in Richtung Vertrauen: Junge Menschen wünschen sich besonders das Vertrauen ihrer Eltern. Doch das wächst nicht dort, wo Jugendliche lediglich nach ihren Äußerlichkeiten beurteilt werden, ihnen sarkastische Kommentare den Mut rauben und ihre Gefühle gering geschätzt werden. Sicher auch aus diesem Grund weist die Bibel Eltern an: „Ihr Väter, reizt eure Kinder nicht, sondern erzieht sie nach den Maßstäben und Ermahnungen des Herrn" (Epheser 6,4; NeÜ).

Vertrauen kann verschenkt oder verdient werden. Wie wollen wir es gestalten? Vielleicht hilft uns der Gedanke daran, wie Gott uns begegnet: Er hat die Menschen so sehr geliebt, dass er ihnen seinen einzigen Sohn geschenkt hat. Mit Jesus Christus hat er uns sein Wertvollstes anvertraut. Doch die Menschen haben ihn abgelehnt und am Ende sogar getötet. Trotzdem hat Gott uns nicht „Verlierer" genannt und sich von uns distanziert. Er hat uns zwar auf die Konsequenzen unseres Verhaltens und unserer Schuld hingewiesen – aber er hat uns auch Vergebung angeboten und den Weg zurück aufgezeigt.

Wer also im Sinne Gottes Werte weitergeben möchte, muss sich stärker darauf konzentrieren, Vertrauen zu Kindern und Jugendlichen aufzubauen sowie ihre falschen Handlungen zu tadeln; und er muss lernen, eher auf ihr Herz zu sehen als auf ihr Verhalten. Nur so hat die heutige Elterngeneration die Möglichkeit, das gesellschaftliche, emotionale und geistliche Leben der Millennials positiv mitzuprägen.

34

Ein neues Herz oder:
Herz-Operation

Lange Zeit galt der „IQ" (Intelligenzquotient) als der absolute Maßstab für Erfolg und Lebensqualität. Aber nach neuesten Erkenntnissen ist der „EQ" (emotionale Intelligenzquotient) viel ausschlaggebender für unseren persönlichen und beruflichen Erfolg. Längst genügt es nicht mehr „nur", in seinem Fachwissen kompetent zu sein. Untersuchungen haben gezeigt, dass der Einfluss des IQ auf das Gelingen im zwischenmenschlichen oder beruflichen Bereich zwischen 20 und 30 Prozent liegt. Die restlichen 70 bis 80 Prozent sind zu einem großen Teil auf die emotionale Intelligenz zurückzuführen.

Was die Psychologen in den 90er-Jahren herausgefunden haben, ist nichts Neues. Schon in der Bibel lesen wir: „Was nützt es uns, wenn wir ganz viel Wissen haben" (vgl. 1. Korinther 13,2), sprich: die Sprache aller Menschen sprechen, prophetische Eingebungen haben, alle himmlischen Geheimnisse wissen und alle Erkenntnisse besitzen, aber keine Liebe haben? Gar nichts. Es nützt nichts.

Goethe sprach einst von einer „Herzensbildung". Die heutige Berufswelt spricht von „Soft Skills" oder der Intelligenz des Herzens, die jeder lernen kann. Der

EQ vereint eine ganze Reihe verschiedener Fähigkeiten wie zum Beispiel: Einfühlungsvermögen, „Sich-gut-Verstehen", Kommunikationsfähigkeit, Menschlichkeit, Hilfsbereitschaft, moralische Kompetenz, Verständnis, Taktgefühl, Höflichkeit, Selbstbeherrschung etc.

Die Bibel spricht dagegen von einem ganz neuen Herzen, das Gott selbst uns schenken kann und will. Ein Herz, gefüllt mit seinem Geist, der ganz viel Gutes hervorbringt und bewirkt: „Weil ihr nun Söhne seid, gab Gott euch den Geist seines Sohnes ins Herz ... Doch die Frucht, die der Geist wachsen lässt, ist: Liebe, Freude, Frieden, Geduld, Freundlichkeit, Güte, Treue, Sanftmut und Selbstbeherrschung" (Galater 4,6; 5,22–23; NeÜ).

Das sind alles wunderbare praktische Fähigkeiten, die einen enormen Einfluss auf das Gelingen in unserem Berufs- und Alltagsleben haben. Es ist eine Intelligenz des Herzens, die wir uns nicht allein durch viel Grübeln und Studieren aneignen müssen, sondern die wir uns von Gott schenken lassen können. Gott kennt uns am allerbesten. Er weiß, was wir denken und vorhaben. Er weiß, wo wir uns gerade im Leben befinden und was uns fehlt.

Wir können Gott ganz offen und ehrlich um ein neues Herz bitten. Ein Herz, das wirklich lebt. Das haben schon viele Menschen vor uns getan, wie zum Beispiel König David: „Erforsche mich, Gott, und erkenne mein Herz! Prüf mich und erkenne meine Gedanken! Sieh, ob ein gottloser Weg mich verführt, und leite mich auf dem ewigen Weg!" (Psalm 139,23–24; NeÜ). Gott ist ein genialer Herzspezialist, der ganz viel Gutes aus unserem Herzen hervorbringen möchte – was wiederum einen enormen Einfluss auf unsere Berufs- und Alltagswelt hat.

Apropos: Wann haben Sie zuletzt Ihr Herz untersuchen lassen?

35

Den Durchblick haben

Sie fallen uns sofort auf: die Gleitsichtbrillenträger. Man erkennt sie an ihrer beweglichen Kopfhaltung – mal hoch, mal runter – immer im Wechsel. Der Gleitsichtbrillenträger sucht immer den besten Winkel, die richtige Perspektive, damit er alle und alles scharf und deutlich sieht.

Wir wissen, wovon wir reden, sind wir doch selbst dankbare Träger solcher raffinierten und kostbaren Brillen. Sie haben uns schon seit Jahren geholfen, besser durchs Leben zu kommen.

So gut diese Brillengläser aber auch sind, sie sind zweifellos gewöhnungsbedürftig – und das jedes Mal, bei jeder neuen Brille. Die Koordination zwischen Hirn und Augenmuskeln muss jedes Mal neu eingeübt werden. Obwohl die optimale Schärfe vorhanden und das Kleingedruckte wieder deutlich zu lesen ist, muss sich das Auge erst an den neuen und besseren Durchblick gewöhnen. Dieser Prozess kann dazu führen, dass wir zunächst Kopfschmerzen haben oder dass die Augen tränen und wir die neue Brille am liebsten wieder beim Optiker reklamieren würden.

Diese Erfahrungen mit der Gleitsichtbrille ähneln unseren Erfahrungen mit Gottes Willen. Da kommt es auch auf die richtige Haltung an. Es geht darum, das Leben aus Gottes Perspektive zu sehen, damit wir kontinuierlich klar erkennen, was wirklich zählt. Dabei kann es passieren, dass unser inneres Auge zunächst schmerzt, denn die Erkenntnis über Gottes Willen für uns persönlich ist nicht immer auf Anhieb angenehm. Es kann sogar sein, dass wir mit tränenden Augen und voller Einwände am liebsten unsere neuen Erkenntnisse bei Gott reklamieren würden.

Gottes Perspektive ist eben mehr als ein klares Erkennen einer Situation oder das theoretische Verständnis einer Sachlage. Sie ist viel persönlicher. Als Gott beispielsweise Mose berief (2. Mose 3,9–10), sagte er: „Das Geschrei der Söhne Israel ist vor mich gekommen; und ich habe auch die Bedrängnis gesehen, mit der die Ägypter sie quälen. Nun aber geh hin, denn ich will dich zum Pharao senden, damit du mein Volk, die Söhne Israel, aus Ägypten herausführst!"

Gott hat uns Menschen immer im Blick und seine Perspektive erlaubt es uns nicht, unbeteiligte Zuschauer zu sein. Wir sind Teil seiner Sicht der Dinge und dabei können uns in der Gewöhnungsphase an seinen Willen schon mal die Augen tränen. Aber wie auch unser Optiker sagt: Bei aller Umstellung und trotz mancher Schwierigkeiten dürfen Sie wissen, dass die neue Brille Ihnen keine Nachteile, sondern nur Vorteile bringen wird. Sie können die Brille ohne Bedenken tragen. Es wird sich lohnen. Übung macht den Meister – auch beim Ausleben neuer Erkenntnisse Gottes.

Menschenliebe lernen

....

Stellen Sie sich vor, jemand schreibt Ihnen Folgendes:

Jedes Gebet für dich wird mir zum Dank, und ich bin voll Freude darüber, dass du dich so eifrig für die Gute Nachricht einsetzt, seit dem Tag, an dem du sie angenommen hast, bis heute. Ich bin ganz sicher: Gott wird das gute Werk, das er bei dir angefangen hat, auch vollenden bis zu dem Tag, an dem Jesus Christus kommt. Ich kann gar nicht anders, als so über dich zu denken, denn ich trage dich in meinem Herzen ... Gott weiß auch, wie sehr ich mich nach dir sehne mit der herzlichen Liebe, die Jesus Christus in mir geweckt hat. Nach Philipper 1,3–8

Die rücksichtsvolle Haltung des Apostels Paulus gegenüber anderen Menschen ist beeindruckend (vgl. auch Römer 15). Er ...

* lebte so, dass er anderen „im guten Sinne" gefiel.
* ließ andere gelten und stehen.
* diente anderen in zuvorkommender Weise.
* freute sich über die Fortschritte und den Erfolg anderer.
* war stets bereit, Frieden zu suchen.
* förderte, vertiefte und stärkte eine herzliche Gemeinschaft.

* glaubte an „unfertige Menschen", hoffte für sie und liebte sie von Herzen.
* betete für Andersdenkende und segnete sie.
* war bereit, mit Lästerungen und Schmähungen zu leben.

Paulus war allerdings nicht mit dieser positiven Einstellung auf die Welt gekommen – er hatte sie gelernt. Es war ein Lernprozess ganz nach dem Motto: „Siebenmal fällt der Gerechte und steht doch wieder auf" (Sprüche 24,16). Paulus wusste, dass man ihm alles nehmen konnte, aber nicht seine Einstellung. Deswegen hat er sich immer wieder unter allen Umständen bewusst für die Freude an den Menschen entschieden.

Wenn Sie an Menschen in Ihrem Leben denken:

* Haben Sie gute Gedanken?
* Bereuen Sie nichts? Beschuldigen Sie niemanden?
* Ziehen Sie einen Schlussstrich, wenn Sie von sich aus alles getan haben, damit Dinge geklärt werden?
* Können Sie sich über die Fortschritte und Erfolge anderer Menschen freuen?
* Danken Sie Gott für diese Menschen?
* Was sind die guten und schönen Erinnerungen an diese Menschen?

Freude an Menschen ist etwas, wofür wir uns entscheiden müssen. Diese Grundsatzentscheidung spricht nicht von der perfekten Umsetzung, aber sie ist ein erster Schritt auf einem Weg, der sich lohnt. Gehen Sie mit?

37

Skulpturen in der Hecke

Immer wenn wir mit dem Auto in Richtung Köln unterwegs sind, kommen wir an einem alten Haus vorbei, dessen Besitzer sich besonders viel Mühe mit seiner Ligusterhecke gibt. Er trimmt sie so geschickt, dass alle paar Meter die Skulptur eines Hundes zu erkennen ist. Und jeder Hund trägt symbolisch ein rotes Band um den Hals.

Wir selbst sind keine großen Gärtner, wissen aber nur allzu gut, wie viel Arbeit eine Ligusterhecke macht. Allein um unsere eigene Hecke geradezutrimmen, müssen wir jedes Mal nachbessern. Zwei Dinge haben wir dabei gelernt: Erstens, dass eine Richtschnur dabei ein sehr gutes Hilfsmittel ist, und zweitens, dass es immer schwerer wird, je länger wir den Wildwuchs zulassen.

Die kunstvoll gestaltete Ligusterhecke an der Straße nach Köln ist für uns immer ein Bild dafür, was es heißt, unser äußerstes Potenzial zu erreichen. Um Form in unser Leben zu bringen, brauchen auch wir gute Vorgaben und eine Richtschnur. Natürlich wäre es viel einfacher und bequemer, alles ins Uferlose sprießen zu lassen, aber wir würden unseren Schliff, das gewisse Etwas in unserem Leben, verlieren.

Die Hilfe eines erfahrenen Gärtners ist hier gefragt. Unser Schöpfergott ist dafür der beste Ansprechpartner.

Auch wenn er uns als freie Wesen geschaffen hat, ist es kein Widerspruch, dass er uns trotzdem gewisse Vorgaben gegeben hat, die uns helfen, mit dem Geschenk der Freiheit umzugehen. Gott wusste, dass es nicht gut gehen würde, wenn er uns Menschen in die Beliebigkeit hineinlaufen ließe. Deshalb möchte Gott uns am liebsten von innen heraus formen und ein wahres Kunstwerk aus uns machen. Er bietet uns an: „Ich gebe euch ein neues Herz und einen neuen Geist: Das versteinerte Herz nehme ich aus eurer Brust und gebe euch ein lebendiges dafür" (Hesekiel 36,26; NeÜ).

Diese Veränderung ist so grundlegend, dass Menschen, die Gott so erleben, als eine neue Schöpfung beschrieben werden: „Wenn also jemand mit Christus verbunden ist, ist er eine neue Schöpfung: Was er früher war, ist vergangen, etwas Neues ist entstanden" (2. Korinther 5,17).

Manchmal ist das „In-Form-Bringen" gar nicht so einfach. Gewisse Charakterzüge, Veranlagungen und schlechte Gewohnheiten haben scheinbar Wohnrecht in unserem Leben. Dafür muss ein Gärtner auch manchmal auf Hilfsmittel zurückgreifen und mit Draht Struktur vorgeben. Gottes Hilfe für unser Leben sieht anders aus: Gott selbst will in uns verändernd wirken. Im Neuen Testament heißt es, dass Gott mit derselben Kraft, die Jesus von den Toten auferweckt hat, in unserem Leben wirkt. Diese Kraft Gottes verändert unser Leben so sehr, dass wir auch „ohne Halsband" als Gottes Kinder erkennbar sind.

38

Wenn's mal eng wird

Wer kennt sie nicht, die Momente im Leben, in denen es so richtig eng wird, in denen uns die Luft zum Atmen fehlt, in denen keine Perspektive in Sicht ist, in denen sich die Seele dunkel, einsam und leer fühlt?! Diese Momente entstehen durch widrige Umstände, durch schwierige Beziehungen, Berufskrisen und oft auch in unserem eigenen Denken und Empfinden.

Wir erleben, dass genau dann, wenn es richtig eng wird, der Blick nach oben eine befreiende und erfrischende Alternative bietet. Wenn uns die Umstände einengen und wir daran eigentlich nichts ändern können, hilft uns der Blick nach oben. Wir gewinnen dadurch zwar keinen richtigen Überblick, aber eine ganz neue Perspektive: Wir können uns festmachen an dem, der uns aus der Enge herausführen kann.

Der Blick nach oben eröffnet Wege, die man sich nie hätte vorstellen können. Einmal planten wir eine Kanada-Reise mit 40 Teilnehmern und erfuhren zwei Wochen vor Reisebeginn, dass ein Hotel in der Touristenstadt Banff, in dem wir drei Nächte verbringen sollten, überbucht hatte und uns nicht aufnehmen konnte. Wir setzten uns mit fast allen Hotels in Banff in Verbindung, aber es war nichts zu machen. Alle waren ausgebucht. Wir waren verzweifelt und beteten zu

Gott. Plötzlich rief uns das Hotel an, das alles vermasselt hatte, und teilte uns mit, dass sie uns in dem neuesten, besten und teuersten Hotel in Banff untergebracht hätten – auf ihre Kosten. Dort hatten wir natürlich nicht angerufen, weil es bei Weitem jenseits unserer Preisgrenze lag.

Der Blick nach oben eröffnet nicht nur neue Wege, er führt auch in die Weite. Auch wenn es in Beziehungen, im Zwischenmenschlichen nicht mehr klappt, können wir dieses Anliegen zu Gott bringen. Gott ist gnädig. Er verändert dann nicht unbedingt gleich die Einstellung und das Handeln des anderen. Wenn wir ehrlich sind, hält uns Gott in diesen Situationen meistens erst einmal selbst den Spiegel vor Augen und ändert unsere Persönlichkeit, sodass sich die Beziehung entspannt.

Gott versteht uns. Wenn man an die Grenzen seines eigenen Könnens kommt und an die Grenzen seiner Belastbarkeit, entstehen Momente, in denen das Denken und Fühlen so eingeengt werden, dass wir die Orientierung verlieren. Gerade hier schenkt der Blick nach oben Freiheit aus der Enge. Denn dann sehen wir in die Augen eines Gottes, der in Jesus Christus alles durchlebt und durchlitten hat, was wir als Menschen erfahren und empfinden können. Er versteht uns. Und deshalb können wir seine Hand ergreifen.

Gott bringt uns ans Ziel. Wenn man sich als kleines Kind verläuft, voller Verzweiflung an einer Kreuzung steht und nicht weiß, welcher Weg der richtige ist, liegt die Befreiung darin, dass die Eltern kommen. Wenn Vater oder Mutter einen an die Hand nehmen und führen, fühlen wir uns sicher und geborgen. Dann ist es

nebensächlich, welcher Weg der richtige ist. Entscheidend ist: Wir sind an der Hand unseres Vaters.

Wenn es also eng wird, schauen Sie nach oben! Gottes Hand ist schon längst ausgestreckt.

39

Die Frucht des Wartens

Etwas haben wollen und dann darauf warten müssen, kann so schwer sein! Und besonders in unserer schnelllebigen Zeit, in der wir die meisten unserer Wünsche sofort stillen können (und sei es auf Kredit), ist Warten zu einer seltenen Tugend geworden. Dabei dient Warten einem ganz entscheidenden Zweck in unserem Leben. Immer wieder sagte Gott im Alten Testament zu seinen Dienern oder seinem Volk: Warte! So gab er zum Beispiel Abraham das Versprechen, dass er der Vater vieler Völker werden würde. Zu diesem Zeitpunkt war Abraham bereits 75 Jahre alt. Und doch musste er noch weitere 24 Jahre warten, bis Gottes Verheißung sich erfüllte. Und was tat Abraham währenddessen? Er wartete „geduldig und empfing schließlich, was Gott ihm versprochen hatte" (Hebräer 6,15; NeÜ). Oder: Gott versprach dem Volk Israel, dass er es aus der ägyptischen Sklaverei befreien würde. Aber es dauerte über 400 Jahre, einschließlich 40 Jahren Wüstenwanderung, bevor das eintrat, was Gott verheißen hatte.

Wenn es um Warten auf Gott und unsere Geduld in diesem Prozess geht, müssen wir lernen, zwei Dinge zu bedenken:

Erstens sollten wir über die Frage nachdenken, welche Frucht Warten in unserem Leben hervorbringt. Auf

Gott und sein Handeln zu warten ist nicht etwas, das wir tun, um am Ende auch das zu bekommen, was wir wollen. Nein, Warten lehrt uns Geduld und Verständnis und schenkt uns Reife und Charakter. Damit ist das, was Gott während des Wartens in uns schafft, oft wichtiger als das, was wir am Ende unserer Geduld erhalten. Warten zwingt uns dazu, einzuhalten, uns selbst genau zu betrachten und mögliche Schwächen in unserem Charakter zu erkennen. Wir haben schon viel gewonnen, wenn wir begreifen, dass die Zeit des Wartens eine Zeit des Lernens und Wachsens ist.

Zweitens sollten wir wissen, was Warten nicht ist. Warten ist keine Entschuldigung, um der Wahrheit auszuweichen, sich vor der Verantwortung zu drücken oder nicht das Richtige zu tun. Wenn wir zum Beispiel in finanziellen Nöten sind, weil wir einfach zu viel ausgeben, dann warten wir nicht, bis die Euros vom Himmel fallen. Sie werden nicht kommen. Stattdessen müssen wir lernen, uns zu disziplinieren, und es zu unserer ersten Priorität machen, wie man lernt, finanzielle Prinzipien anzuwenden. Wir müssen vielleicht lernen, einen bestimmten Haushaltsetat einzuhalten, unseren Zehnten zu geben und nicht mehr einfach das zu kaufen, was wir sehen.

Vor allem geduldigen Warten aber steht unsere Entscheidung, Gott jeden Tag neu zu vertrauen und zu gehorchen. Selbst da, wo die Dinge nicht so laufen, wie wir es uns vorstellen. Gerade in solchen Momenten sind wir gefordert, im Glauben sagen zu lernen: „Herr, ich habe Geduld. Ich warte auf dich, ich vertraue dir – und das vorbehaltlos."

40

Auftanken für den Winter

....

Mit dem Monat Oktober verbinden wir viele schöne Erinnerungen an unsere Lieblingsjahreszeit: den Spätsommer – ein wahrer Höhepunkt des Jahres. Es ist eine Jahreszeit, die charakterisiert ist durch das lebhafte Farbenspiel der ausgedehnten Wälder von orangerot bis scharlachrot, einen oft strahlend blauen Himmel und einen erneuten Anstieg der Temperaturen auf teilweise über 20 Grad. In Kanada, wo wir lange gelebt haben, wird diese beliebte und ersehnte Übergangszeit schon seit dem 18. Jahrhundert „Indian Summer" genannt. Eine beflügelnde Zeit, deren Zauber von warmen, ruhigen Sonnenstrahlen ausgeht, die Stürme und Unwetter des Sommers vertreiben und Raum geben für eine gebändigte, ruhige Wetterperiode, bevor die Turbulenzen des Winters beginnen. Man spürt von Kopf bis Fuß, wie die Luft den Atem anhält und die Natur im Dunst des Nebels zur Ruhe kommt.

Hierzulande wird diese wiederkehrende Schönwetterperiode, die Jung und Alt fasziniert und beflügelt, „Altweibersommer" genannt. Dieser Name hat nicht – wie der Volksmund sagt – mit den silbergrauen Haaren alter Frauen zu tun, sondern mit den zarten, glitzernden Fäden von Spinnweben, die im Sonnenlicht Haaren täuschend ähnlich sehen. Diese feinen Gespinste sehen nicht nur spektakulär aus, sie sind nicht nur Zeugen der schöpferischen Kraft Gottes, sie tun auch einen ganz wichtigen Dienst: Sie haben die Funktion eines zuverlässigen Chauffeurs und manchmal, wenn nötig, auch die eines Rettungsdienstes. Durch sie können sich kleine, junge Spinnen sicher und geschützt vom Wind forttragen lassen, bis sie irgendwo ein schützendes Quartier finden, wo sie den Winter mit all seinen unberechenbaren Herausforderungen überstehen können.

So wie die warmen Sonnenstrahlen des „Indian Summer" die Unwetter des Sommers vertreiben und uns Raum und Zeit geben, damit wir uns erholen und uns auf den Winter vorbereiten können, so kann und will Gott selbst die wohltuende Sonne unseres Lebens sein. Er selbst möchte die Stürme unseres Alltags vertreiben. Er selbst möchte Licht in die grauen Regentage unseres Lebens bringen. Er selbst möchte uns Raum und Zeit schenken, damit er uns durch seine wohltuende Gegenwart beflügeln kann – für das, was vor uns liegt.

Und so wie die feinen Silberfäden der Spinnweben die jungen und schwachen Spinnen sicher und geschützt im Wind zum nächsten Quartier tragen, so will Gott wie ein Schutz und Schild, wie ein zuverlässiger Chauffeur an unserer Seite durchs Leben gehen, damit wir gute Ziele erreichen. Er will uns liebevoll durch alle Turbulenzen des Lebens tragen, damit wir immer – egal, was kommt – einen sicheren Zufluchtsort erreichen. So können wir ein Leben voller Licht führen, ein Leben wie auf Händen getragen – Hände, in die wir uns einfach fallen lassen können wie in einen Liegestuhl im Spätsommer. So ist Gott. Keiner ist so gut zu uns wie er. Das gilt auch für Sie, wenn Sie Gottes Wort vertrauen: „Denn Gott, der HERR, ist Sonne und Schild. Gnade und Herrlichkeit wird der HERR geben, kein Gutes vorenthalten denen, die in Lauterkeit wandeln" (Psalm 84,12).

41

Raus aus dem Trott

··

„Ich bin euer ständiger Begleiter und eine große Hilfe, aber zu-
gleich auch eine große Last. Ich dränge euch vorwärtszugehen,
kann euch aber auch ins Versagen stürzen. Ich arbeite mit der
Präzision eines Wissenschaftlers und mit der Hingabe eines Patri-
oten. Fast alles, was ihr tut, könnt ihr bedenkenlos mir überlassen.
Ihr könnt mich einsetzen, um großen Gewinn zu machen oder um
euer Leben zu ruinieren. Mir ist das egal. Nehmt mich, bestimmt
über mich, und ich werde euch die Welt zu Füßen legen. Aber geht
nicht leichtfertig mit mir um, sonst erwartet euch Zerstörung. Wer
ich bin? Ich bin die Gewohnheit.“

Es stimmt. Der Mensch ist ein Gewohnheitstier. Das
fängt schon beim Frühstück an; viele essen immer das
Gleiche. Wir kaufen in denselben Geschäften ein, hören
dieselbe Musik und teilen uns die Arbeit der Woche immer wieder gleich ein. In unserem Leben herrscht Routine, denn Routine ist durchaus positiv. Sie gibt uns Beständigkeit. Dank ihr behalten wir den Überblick. Doch
Routine kann auch ins Negative umschlagen: Wenn
unser Leben wegen zu fester Gewohnheiten stagniert.
Wenn wir die Ansicht vertreten: „Das war immer so,
das muss immer so sein.“ Wenn wir uns mit gewohnten
Situationen zufriedengeben, die im Grunde unbefriedigend sind. Wenn wir nicht mehr offen für Neues sind.

Wenn uns Routine eine flache Sicherheit verleiht, sodass wir sogar nicht mehr offen für Gottes Pläne sind.

In der Bibel (Apostelgeschichte 3) lesen wir von einem gelähmten Mann, dessen Tagesablauf auch aus Routine bestand. Jeden Tag brachte man ihn zum Betteln zum Tempel. Weil er es gewohnt war, erwartete er, dass auch Petrus und Johannes ihm Geld geben würden, als sie zum Tempel kamen. Vielleicht hatte er sich längst mit seiner Art zu leben abgefunden, aber Gott wollte nicht, dass er in diesem Lebenstrott blieb. Petrus und Johannes erfüllten deshalb die Erwartung des Bettlers nicht, sondern gaben ihm, was er wirklich brauchte: ein neues Leben.

Auch heute gilt: Wer sich wie der gelähmte Mann von Gott berühren und leiten lässt, der kann auf einmal eine andere Richtung erkennen und ein neues Leben beginnen. Denn wer dem lebendigen Gott begegnet, wird Veränderung erleben. Gott stellt unsere Vorstellung vom Leben auf den Kopf, damit er etwas Neues schaffen kann. Wann aber haben wir es zuletzt zugelassen, dass Gott die Routine unseres Lebens verändert? Wie steht es mit Ihnen? Möchten Sie, dass Gott Sie zu neuen Ufern führt? Wir möchten Ihnen Mut machen, die Routinen Ihres Lebens aufzuschreiben und sie in einem Gebet zu Gott zu bringen. Fragen Sie ihn, was er zu den alltäglichen Abläufen Ihres Leben sagen und in Ihrem Leben tun möchte. Sie dürfen gewiss sein, dass Gott antworten wird.

42

Tugendbold

....

Tugendhafte Mitmenschen stellen wir uns oft als langweilig vor. In Kanada nannten wir solche überaus artigen Klassenkameraden „Mr. Good-goody" (Tugendbold) oder „Ms. Goody-Two-Shoes" (nettes Naivchen). Tugenden haben es nicht immer leicht – auch nicht in unseren Medien. Krimis und Tragödien, Shows wie „Big Brother" oder auch der Dorfklatsch und -tratsch leben ja oft von Menschen, die sich nicht von den Tugenden leiten lassen. Aber gut, dass das nicht der Normalfall des Alltags ist!

„Tugend" bedeutet dem Ursprung nach „Tauglichkeit". Wenn wir Tugenden wie Glaube, Hoffnung und Liebe in unserem Leben lebendig erhalten, werden wir tauglich fürs Leben. In Österreich gibt es noch die Wortverbindung „Dem taugt's", was so viel heißt wie: „Ihm gefällt's". Die Tugenden wie z. B. Glauben wagen, Hoffnung aufbringen, Liebe einbringen, Klugheit nutzen, Tapferkeit aufbringen, auf Gerechtigkeit achten oder Maß halten sorgen für ein erfülltes Leben, an dem wir und andere Geschmack haben können. Sie sind die Würze in den Möglichkeiten unseres menschlichen Lebens. Wenn wir dagegen nur tun, was uns selbst dienlich ist, wird unser Leben uninteressant wie abgestandenes Wasser. Wenn wir aber Tugenden immer wieder Raum in unserem Leben geben, formen sie unsere Persönlichkeit und wir werden zu Menschen, die wir selbst gerne treffen würden. Menschen voller Demut, Respekt und Disziplin, ansprechbar und hilfsbereit.

In diesem Sinne wird unser Alltag, werden unsere Aufgaben und Beziehungen keineswegs langweilig sein, sondern kräftig gewürzt mit geschmackvollen Tugenden, die unseren Mitmenschen gut bekommen. Das ist nichts Neues. Schon die Bibel gibt uns diesen Tipp: „Denkt über das nach, meine Geschwister, was wahr, was anständig und gerecht ist! Richtet eure Gedanken auf das Reine, das Liebenswerte und Bewundernswürdige; auf alles, was Auszeichnung und Lob verdient!" (Philipper 4,8; NeÜ).

43

Einstellungssache

....

Paganini, der begabte Komponist und Konzertviolinist, spielte einmal vor ausverkauftem Haus, als ihm plötzlich eine Saite an seiner Stradivari riss. Man sah schon die Schweißperlen auf seiner Stirn, aber er spielte weiter. Doch dann – man glaubte es kaum! – rissen eine zweite und sogar noch eine dritte Saite. Doch der große Musiker spielte bis zum Schluss. Die letzten Töne waren kaum mehr zu hören, weil der Applaus so groß war, als Paganini ansetzte, um eine Zugabe zu spielen. Er bat um Ruhe und mit einem Funkeln in den Augen rief er: „Paganini und eine Saite!"

Wie wir Dinge betrachten, ist wichtiger als die Tatsachen selbst. Paganini gab nicht auf. Er warf die Violine nicht enttäuscht in die Ecke und er verkroch sich auch nicht hinter dem Vorhang. Unsere Einstellung gegenüber dem Leben, unserem Glauben und unserem Miteinander ist wichtiger als unsere Vergangenheit, Umstände, Fähigkeiten oder Fehler. Was in unserem Leben oder unter uns Menschen läuft oder nicht läuft, macht nur 10 Prozent aus. Aber wie wir darauf reagieren, macht 90 Prozent aus! Wenn bestimmte Saiten unseres Lebens nicht so funktionieren, wie wir es gerne hätten, und plötzlich die gesamte Melodie unseres Daseins beeinträchtigen, dann haben wir immer noch die Wahl, wie unsere Einstellung dazu sein soll. Wir können entweder verzweifeln oder hoffnungsvoll dranbleiben und unser Bestes geben. Wir können in Selbstmitleid versinken oder durchhalten.

Das Klima in Firmen, Familien, Ehen und Freundschaften steht oder fällt nicht selten mit der Einstellung der Beteiligten. Das Leben und das Miteinander in einer Gemeinschaft von Menschen – auch von Christen – läuft eben einfach nicht immer „wie am Schnürchen"; es gibt Missklänge und manchmal reißt sogar eine Saite.

So war es schon in der Gemeinde in Philippi. Eigentlich lief es bei den Christen dort recht gut – bis auf eine Sache: Ihre innige, herzliche Gemeinschaft, ihr friedliches Miteinander war bedroht. Darum forderte Paulus in seinem Brief die dortigen Christen (und auch uns) auf, nicht mehr egoistisch zu sein, sondern eine neue Einstellung zu übernehmen: *Achtet den anderen mehr als euch selbst. Denkt nicht immer zuerst an euch, sondern kümmert und sorgt euch auch um die anderen. Orientiert euch an Christus* (nach Philipper 2,1–5). Er fordert uns auf, mit anderen Mitleid zu haben, ihnen zu dienen, sie zu trösten und an sie zu denken, damit wieder eine harmonische Gesamtmelodie entstehen kann.

Gönnen wir unseren Mitmenschen unsere Hilfe, das Gute, Aufschwung, Heilung, Gottes Segen? Es ist unsere Wahl, ob wir uns an Jesus orientieren wollen oder nicht. Er war bereit, alles zu tun, was Liebe und Einheit vollkommen macht. Er hatte sich dazu entschlossen, sich selbstlos einzusetzen und dranzubleiben – auch als es seine ganze Kraft, ja sogar sein Leben kostete. Seine

„Einstellung" rettete unser Leben. Wenn wir diese Einstellung übernehmen, können auch wir entgegen allen
Widrigkeiten seinem Vorbild folgen.

44

Gegen die Vergesslichkeit

....

Kennen Sie das auch? Sie fahren in den Urlaub und haben beim Kofferpacken etwas vergessen. Oder Ihnen ist im Trubel des Alltags ein Termin entfallen. Das ist völlig normal. Manchmal ist Vergesslichkeit sogar eine notwendige Fähigkeit des Gehirns, die uns so manche negative Realität des Lebens aus unserem Bewusstsein löscht wie etwa Schmerzen. Leider vergessen wir aber auch Dinge, die wichtig sind. Die Wahrheiten Gottes sind z. B. sehr wichtig, um die „Stürme" unseres Lebens zu meistern. In der Bibel gibt es eine interessante Geschichte dazu (Markus 4,35–41):

„Kommt, steigt ins Boot – wir fahren zum anderen Ufer!", sagte Jesus zu seinen Jüngern. Als sie an Bord waren, legte er sich hin und schlief ein. Plötzlich kam ein heftiger Sturm auf, Wellen schlugen gegen das Boot und füllten es allmählich mit Wasser. Alle waren in großer Gefahr! Und was tat Jesus? Er schlief! In einer solchen Situation fragt man sich: Was nützt es, einen Gott zu haben, der gerade dann schläft, wenn wir ihn brauchen? Wir schreien um Hilfe und hören nichts. Gott scheint so unendlich weit weg! Das Entscheidende war aber nicht, dass Jesus schlief, sondern dass Jesus auf einem Kissen schlief.

„Möchten Sie ein Kissen?" Wenn Sie mit einem Flugzeug unterwegs sind, kann es sein, dass eine Stewardess

Ihnen genau diese Frage stellt. Im Grunde möchte sie wissen: „Haben Sie vor zu schlafen?" Wenn ja, werden Sie das Kissen nehmen. Jesus tat genau dasselbe. Er war nicht einfach eingedöst, sein Nickerchen war geplant. Für die „Gläubigen" an Bord war diese Situation eine große Herausforderung, weil sie nicht zu ihrer Theologie passte. Sie fragten, was wir wohl auch fragen würden: „Kümmert es dich nicht, dass wir untergehen?" Jesus wurde wach und stellte ihnen eine überraschende Gegenfrage: „Warum seid ihr so ängstlich?", bevor er Wind und Wellen zum Schweigen brachte. Warum fragte Jesus ausgerechnet das? Weil er die Reaktion seiner vertrauten Weggefährten nicht verstand. Als sie noch an Land waren, hatte er doch ganz deutlich gesagt: „Kommt, wir fahren zum anderen Ufer! Wir alle werden hier wegfahren und an der anderen Seite ankommen."

Hatten die Weggefährten vergessen, was Jesus gesagt hatte? Wie oft und schnell werden Gottes Verheißungen vergessen. Auch wichtige Zusagen Gottes, auf die wir unser Leben aufbauen können und sollten. Tatsache ist, dass ein großer Sturm, wenn er in unserem Leben wütet, bei uns eine solche Panik auslöst, dass wir nicht mehr wissen, was wir über Gott schon erkannt haben. Der Sturm hält uns davon ab, das umzusetzen, was wir an sonnigen Tagen gelernt haben. Das Problem der Weggefährten Jesu war also, das Gehörte – ihr Wissen über Gott und sein Wort – mitten in einer schlimmen Situation umzusetzen. Gegen dieses Problem können wir uns jedoch wappnen: indem wir uns mit Gottes Denkweise immer wieder beschäftigen und das erkannte Wissen im Alltag umsetzen.

45

Schmeckt nicht, gibt's nicht!

Tim Mälzer, ein beliebter TV-Koch, behauptet: „Schmeckt nicht, gibt's nicht!" Und er hat recht – auch wenn es natürlich immer wieder Leute gibt, die selbst am leckersten Gourmetgericht herummäkeln. Uns zu beschweren liegt uns im Blut – nicht nur, wenn es ums Essen geht. Gerne klagen wir auch, wenn es um bestimmte Menschen oder Aufgaben geht, die zu unserem Leben gehören. Doch auch da lautet das Motto oft: „Schmeckt nicht, gibt's nicht!" Wie aber kann das sein, wenn uns doch manche Aufgaben so schwerfallen und manche Menschen so unheimlich anstrengend und beratungsresistent sind – egal, was wir ihnen Gutes sagen oder tun?

So erging es auch schon dem alttestamentlichen Propheten Jeremia: Er hatte sich unermüdlich dafür eingesetzt, bestimmten Menschen Gottes Botschaften zu sagen, doch ohne Erfolg. Trotz all seiner Liebe reagierten sie mit unerträglicher Ablehnung und Feindseligkeiten. So hatte er sich Gottes Auftrag überhaupt nicht vorgestellt! Er war davon ausgegangen, dass gerade weil er die ganze Sache „um Gottes Willen" angepackt hatte, er auch bei diesen Menschen gut ankommen würde. Aber so war es nicht (Jeremia 15,10–21).

So wie Jeremia reagieren auch wir oft. Wir stöhnen frustriert über bestimmte Menschen, denen wir eigentlich dienen sollen. Und bald denken wir, Gott sei es egal, nur weil sich nichts tut (oder zumindest nicht so, wie wir es uns vorgestellt hatten). Wir werden müde und beginnen, nur noch auf die Nörgeleien dieser Menschen zu hören, was am Ende dahin führt, dass unser ganzes Denken, Reden und Tun negativ beeinflusst wird. Und mit einem Mal richtet sich unser Frust gegen Gott – gerade so, als wäre er schuld daran, dass Menschen sich nicht auf ihn und das Gute einlassen.

Trotzdem bleiben diese Menschen nach wie vor uns anvertraut und Teil unseres Leben. Wir sollen ihnen Gutes tun, ob wir Erfolg sehen oder nicht. Ob wir Wohlwollen ernten oder das Gegenteil. Wie aber können wir einer solchen Herausforderung begegnen?

1. *Gott löst unsere Fesseln und macht uns stark.* Selbst in den Situationen, in denen wir das Leben nicht verstehen und alle(s) gegen uns stehen (steht), hält Gott an seinen Zusagen fest und verheißt uns seine Hilfe. Auch dann, wenn seine Hilfe sich dabei nicht immer unseren Vorstellungen anpasst.

2. *Gott bestätigt unseren Auftrag.* Nur weil eine Berufung von Gott kommt, bedeutet das nicht, dass sie einfach ist. Sicher aber ist, dass Gott die Last kennt, die er uns zuteilt, und auch unsere Belastbarkeit. Und wenn wir dranbleiben, erleben wir Gott als Kraftquelle.

3. *Gott macht uns nützlich.* Das allerdings geschieht nur, wenn wir unser Denken, unsere Gefühlswelt und unser Reden von Gott und nicht von den negativen

Reaktionen anderer Menschen beeinflussen lassen (Jeremia 15,19b). Auf diese Weise werden Gottes Einfluss und seine Hilfe in unserem Leben sichtbar. Mehr noch: Dies macht uns menschlich, verständlich und glaubwürdig. Ein Sprichwort sagt: „Nur wer sich selbst hat predigen lassen, darf auch anderen predigen."

46

Über die Ferne hinweg vertraut

Strohwitwe oder Strohwitwer zu sein ist keine leichte Sache. Wenn einer von uns länger unterwegs ist, erleben wir es als sehr angenehm, in einem fortgeschrittenen Zeitalter der Kommunikation zu leben.

Besonders den Wert des Telefons haben wir neu schätzen gelernt – dabei aber auch entdeckt, dass unsere Kommunikation sich auf unterschiedlichen Ebenen des Gesprächs bewegt. Da gibt es einmal die Informationsebene: ein kurzer Austausch über Kinder, Eltern, Arbeit, Gemeinde und was man sonst noch so erlebt hat. Die Ebene der Motivation wird natürlich auch nicht vernachlässigt. Wir planen unser Wiedersehen und sagen, was wir uns und den anderen wünschen.

Im Leben und in unseren Beziehungen bewegen wir uns sehr stark in den Sprachbereichen Information und Motivation. Es gibt aber noch eine weitere Ebene, die wir als Menschen zwar zuerst erlernen, aber im Alltag schnell verlernen. Sie ist dabei sogar die erste und einfachste Sprachebene: die „Sprache der Vertrautheit". Kinder beherrschen diese Sprache ziemlich gut. Es reicht aus zu wissen, dass die Eltern da sind, und alles ist gut. Manchmal können wir beobachten, wie Kinder aus unterschiedlichen Kulturen und Sprachwelten miteinander spielen, ohne dass sie die Worte des anderen kennen. Trotzdem verstehen sie sich blendend.

Wir persönlich haben für uns ganz neu entdeckt, wie gut es tut, diese Sprache zu sprechen. Da ist der Klang der Stimme des Partners am Telefon, der einfach der Seele guttut. Es gibt auch Schweigen und gleichzeitig das Wissen, dass am anderen Ende der Leitung jemand da ist, der dich liebt und der dir ganz nah ist, obwohl uns manchmal 10 000 Kilometer trennen.

Beim Beten ist es oft ähnlich. Wenn wir darüber nachdenken, fällt uns auf: Es findet oft nur auf der Ebene von Information oder Motivation statt. Bei vielen Menschen verkümmert das Gebet zu einem Informationsaustausch – als ob Gott nicht wüsste, was wir brauchen. Er kennt unsere Gebetslisten besser als wir, und wenn die Bibel davon spricht, dass Gott antwortet, bevor wir rufen, dann sollte uns das eigentlich eine große Portion Gelassenheit schenken.

Als Jesu Freunde ihn beten hörten, da waren sie so beeindruckt, dass sie ihn baten: „Herr, lehre uns beten." Und das in einer Kultur, in der Gebet nichts Unbekanntes war. Da lag etwas in der Art und Weise, wie Jesus betete, das die Menschen wie ein Magnet anzog.

Jesus unterweist seine Freunde und beginnt mit zwei Worten, die auf die entscheidende Ebene des Gebets führen. Jesus beginnt mit den Worten: „Unser Vater". Er spricht die Ebene der Vertrautheit an. Hier möchte Gott uns begegnen. Es ist die Ebene, auf der unser Herz zur Ruhe kommt und sich mit Hoffnung und Zuversicht volltankt. David, König und Liederdichter, hat dies so beschrieben: „Nur bei Gott wird meine Seele still, von ihm kommt meine Hilfe. Nur er ist mein Fels, meine Rettung, meine sichere Burg. Wie sollte ich da wanken?" (Psalm 62,2–3; NeÜ).

Die Sprache der Vertrautheit ist nicht nur eine Kindersprache – sie ist eine Herzenssprache, die wir weder vernachlässigen noch verlernen dürfen.

47

Flügge werden

....

Schon der weise Richter und König Salomo, ein Mann mit Menschenkenntnis, sagte: „Viele Dinge nimmt ein Mensch sich vor, doch zustande kommt der Ratschluss [des HERRN]" (Sprüche 19,21; NeÜ). Weil die Erfolgsgarantien unserer menschlichen Pläne oft auf wackeligen Beinen stehen, sehnen wir uns im tiefsten Inneren nach dem Willen Gottes für unser Leben.

Dabei machen wir nicht selten die Erfahrung, dass es gar nicht so leicht ist, unsere Ideen von Gottes Ideen zu unterscheiden. Besonders schwer ist es, wenn die Bibel uns keine speziellen Anweisungen gibt, etwa ob wir umziehen oder den Arbeitsplatz wechseln, wann und wen wir heiraten oder wie und wo wir uns für Gott einsetzen sollen.

Dabei versichert uns Gott in seinem Wort: „Ich will dich belehren, und ich zeig dir den richtigen Weg. Ich will dich beraten, und mein Auge wird ruhen auf dir" (Psalm 32,8). Und tatsächlich: Wenn wir anfangen, Gottes Führung zu vertrauen, zeichnen sich drei Eckpfeiler der Wegweisung Gottes ab:

1. *Unsere Ideen kommen und gehen, aber Gottes Führung bleibt bestehen.* Es gibt einfach eine Beständigkeit in seiner Führung, mit der er uns immer wieder den Weg zeigt,

den er für uns bereitet hat. Hier ist es ganz entscheidend, dass wir ihm nicht vorausrennen, sondern auf
seine Signale warten.

2. *Es scheint uns manchmal unmöglich zu sein, Gottes Willen
umzusetzen.* Es sei denn, wir folgen ihm und leben eine
enge Beziehung zu ihm. So hat Gott es für uns geplant, und so geschieht es auch. Jesus sagt: „Getrennt
von mir könnt ihr nichts tun" (Johannes 15,5).

3. *Gottes Führung kristallisiert sich oft dann besonders heraus,
wenn unser Leben unbequem wird.* In der Bibel heißt es:
„Wie der Adler sein Nest aufstört, über seinen Jungen schwebt, seine Flügel ausbreitet, sie aufnimmt, sie
trägt auf seinen Schwingen, so leitete ihn der HERR
allein" (5. Mose 32,11–12). Der Adler lernt das Flie-
gen erst, wenn er aus dem Nest gestoßen wird. Nur
wenn wir unsere „behagliche Sicherheitszone" verlassen, entdecken wir, dass wir zu anderem geboren und
berufen sind. Wir lernen, unsere Flügel auszubreiten,
und entdecken eine neue Dimension unseres Lebens.
Neue Gaben, neue Aufgaben oder ein ganz neues Be-
tätigungsfeld.
Vielleicht bringt Gott ganz bewusst Unruhe in Ihr
Leben hinein, weil er möchte, dass Sie unter seiner
Führung neue Aufgaben oder neue Dimensionen Ihres Lebens entdecken – ein Leben, in das er Sie nicht
nur hineinführt, sondern in dem er auch bei Ihnen
ist und Sie weiterführt: „Wer im Schutz des Höch-
sten wohnt, bleibt im Schatten des Allmächtigen. Ich
sage zum HERRN: Meine Zuflucht und meine Burg,

mein Gott, ich vertraue auf ihn!" (Psalm 91,1–2).
Diese Verheißung gilt auch, wenn der Schatten sich
bewegt!

48

Entschuldigungen

Stellen Sie sich vor, wir würden in einer vollkommenen Welt mit vollkommenen Menschen leben. Traumhaft! Das würde vieles unter uns Menschen leichter machen, denn dann müssten wir uns nie entschuldigen. Aber so ist es leider nicht auf dieser Erde. Schon Aristoteles sagte: „Im Allgemeinen tun die meisten Menschen Unrecht, sobald sie in der Lage sind, es zu können!" Weil das so ist, können wir Menschen ohne Entschuldigungen nicht überleben.

Aber wann ist eine Entschuldigung angebracht? Denn was für den einen falsch ist, hält der andere noch lange nicht für falsch. Und ob mein Gewissen mich plagt oder bestätigt, hat oft mit meiner kulturellen Prägung zu tun. Aber so unterschiedlich der Standard von Richtig und Falsch von Kultur zu Kultur auch sein mag, eins bleibt unter uns Menschen gleich: Wir alle haben ein Empfinden für Recht und Unrecht. Und wenn das Empfinden eines Menschen für Recht verletzt wurde, ist er verärgert. Er fühlt sich ungerecht behandelt und nimmt es dem Täter übel. Die ungerechtfertigte Tat wird wie eine Mauer zwischen den beiden Menschen stehen und die Beziehung belasten. Und egal, wie sehr das Opfer sich bemüht, so zu leben, als wäre nichts passiert – es wird ihm nicht gelingen. Ganz tief innen drin weiß es, dass etwas nicht stimmt, und es fordert Gerechtigkeit, vielleicht auch durch eine Rechtsklage oder einen Prozess. Das Gericht wird es vielleicht schaffen, den inneren Juck nach Gerechtigkeit zu befriedigen, aber nicht, die kaputte Beziehung zu heilen. Die tiefe Sehnsucht nach Versöhnung bleibt.

Je tiefer unsere Beziehungen sind, umso mehr sehnen wir uns nach Verständigung und Versöhnung. Wenn z. B. ein Chef seinen Angestellten unfair behandelt oder ein Ehemann seine Frau oder eine Mutter ihr Kind, dann wird sich jeweils das Opfer in seiner Verletzung und Wut nach zwei Dingen sehnen: Gerechtigkeit und Gnade. Auf der einen Seite will das Opfer, dass der Täter für seine Missetat geradesteht, und auf der anderen Seite wünscht es sich Versöhnung. Wenn das Opfer nicht die erwünschte Entschuldigung bekommt, wird es Gerechtigkeit einfordern und die Sehnsucht nach Versöhnung bleibt vorerst ungestillt. Nur eine aufrichtige, ehrliche Entschuldigung kann unsere Freundschaften, Ehen, Familien und unsere Beziehungen am Arbeitsplatz wieder flicken und beleben.

Hier sind fünf verschiedene Wege, wie Sie sich entschuldigen können, wenn Sie jemanden verletzt haben:

* Reue ausdrücken: „Es tut mir leid!"
* Verantwortung übernehmen: „Ich war im Unrecht!", oder: „Du hattest recht!"
* Das Opfer entschädigen: „Was kann ich tun, um es wiedergutzumachen?"
* Aufrichtige Buße tun: „Ich bemühe mich, es nie wieder zu tun!"
* Um Vergebung bitten: „Bitte vergib mir."

Wenn wir uns entschuldigen, übernehmen wir Verantwortung für unser Verhalten und versuchen somit, die Sache wiedergutzumachen. Eine ehrliche Entschuldigung öffnet die Tür zur Vergebung und Versöhnung. Dadurch können wir unsere Beziehungen vertiefen. Abraham Lincoln hat es so ausgedrückt: „Der beste Weg, deinen Feind zu vernichten, ist, indem du ihn zum Freund machst!"

49

Gottes Haus und Gottes Brücke

Während unseres Urlaubs auf der Insel Rhodos in Griechenland haben wir dort einige alte Kirchen besichtigt. Aufgefallen ist uns, dass die meisten der sakralen Gebäude sehr klein, dunkel und unpraktisch sind. Viele haben nur wenige, äußerst unbequeme Stühle entlang der Wände. Auf ihnen dürfen alte und schwache Menschen Platz nehmen. Alle anderen Männer, Frauen und Kinder, die einen Gottesdienst besuchen, müssen für die Zeit, die sie bleiben wollen, stehen. Ein ständiges „Kommen und Gehen" bestimmt daher die Atmosphäre dieser Kirchen nicht nur während der Öffnungszeiten für Touristen, sondern auch in den Gottesdiensten an einem normalen Sonntag. Wir hatten den Eindruck, dass sich die Vögel der Insel in diesen alten Gemäuern mehr versammelten und zu Hause fühlten als die Menschen. Nachdem wir die vielen Ikonen und Bilder von Jesus als Baby angesehen hatten, meinte ein Besucher: „Ich habe den Eindruck, manche Kirchen sind bei Weihnachten stehen geblieben – bei der Geburt Jesu." Bei einem Weihnachten der Kindheit, einem romantischen Weihnachten.

Sind wir auch bei einem romantischen Weihnachten stehen geblieben? Bei einem gemütlichen Familienfest um den geschmückten Tannenbaum? Bei der knisternden Weihnachtsstimmung auf dem Christkindl-markt? Bei einer Pferdekutschenfahrt durch idyllische, schneebedeckte Gässchen im Winterurlaub? Oder beim traditionellen Besuch eines Krippenspiels in einer alten, romantischen Kirche? Ist Weihnachten für uns eine alte, verstaubte Geschichte, die wir nur mit den Erfahrungen unserer Kindheit verbinden?

Gott ist nicht vor über 2 000 Jahren Mensch gewor-den in seinem Sohn Jesus Christus, damit alle kom-menden Generationen einmal im Jahr ein romantisches Weihnachtserlebnis genießen können, sondern weil er uns so sehr liebt und mit dieser Liebe in unser Leben eingreifen möchte.

Gott hat nicht nur gewollt, dass die Städte dieser Erde mit wunderbaren Kirchen bebaut werden, sondern er hat mit Jesus Christus eine lebensrettende Brücke ge-baut, die uns Menschen bis heute den Weg zu einer per-sönlichen und lebendigen Beziehung zu ihm anbietet. „Und wäre Christus tausendmal in Bethlehem geboren, doch nicht in dir, du wärest ewiglich verloren", sag-te bereits der Barockdichter Angelus Silesius. Gott hat uns eine Spur gelegt, über die wir zu einer erfüllenden Gemeinschaft finden können, die nicht nur für ein paar Weihnachtstage hält, sondern ein ganzes Leben – eine ganze Ewigkeit.

Jesus ist nicht ein Kind in der Krippe oder in Marias Armen geblieben, sondern wie der Prophet Jesaja schon vor vielen Jahrhunderten schrieb: „Denn ein Kind ist uns geboren, ein Sohn uns gegeben, und die Herrschaft ruht auf seiner Schulter; und man nennt seinen Namen: wunderbarer Ratgeber, starker Gott, Vater der Ewigkeit,

Fürst des Friedens" (Jesaja 9,5). Gott kann und will heute und an jedem Tag in unser Leben eingreifen, uns leiten, uns echte Freude und Frieden geben. Weihnachten soll uns nicht nur an die Geburt Jesu erinnern, sondern an Gottes Angebot, dass wir Frieden und ewiges Leben haben können, wenn wir wollen. Er ist nur ein Gebet entfernt. Nur ein Wort von uns und er ist da.

50

The Spirit of Christmas

Im Dezember steht das größte Fest des Jahres immer wieder vor der Tür: das Fest der Liebe, der Freude und des Friedens. Rund um die Welt wird Weihnachten aufwendig und intensiv gefeiert. Dabei kann es auch sehr unterschiedlich gefeiert werden – nicht nur von der Tradition her, sondern auch vom eigenen Erleben. Wir Deutschen tun es am 24. Dezember – an „Heiligabend". Aber schon Wochen vorher fangen wir mit entsprechenden Vorbereitungen an. Wir backen und basteln, kaufen und packen, schmücken und feiern. Wir tun alles, um in Stimmung zu kommen. Schließlich steht Weihnachten vor der Tür, und bis dahin muss doch alles stimmen – innerlich und äußerlich! Auf einmal macht eine Welt, die verstrickt ist in Kriege, Streit, Gleichgültigkeit und vielerlei andere Nöte, den Versuch, das ganze Leben auf Frieden und eine „heile Welt" umzuprogrammieren.

In Kanada, wo wir lange gelebt haben, spricht man von einem „Spirit of Christmas" – von einer weihnachtlichen Gesinnung, die gekennzeichnet ist von Liebe, Toleranz, Verständnis und Mitgefühl. Also sitzen die Menschen spätestens an Heiligabend in ihren gemütlichen, geschmückten Zimmern bei herzerwärmender Weihnachtsmusik mit köstlichem Essen und vielen

Geschenken und versuchen ihr Leben von Frieden bestimmen zu lassen. Aber was bleibt uns, wenn der Abend vorbei ist?

Wie wollen Sie Weihnachten dieses Jahr erleben?

* Sie können sich Gedanken machen über all das, was Sie noch nicht haben, *oder* Sie können sich freuen an alldem, was Sie schon haben.
* Sie können Ihr Geld auf dem Konto zählen *oder* den Segen Gottes in Ihrem Leben.
* Sie können Kerzen zur Dekoration entzünden *oder* zur Erinnerung an Gottes Liebe zu uns Menschen.
* Sie können sich über ihre Mitmenschen ärgern *oder* ihnen mit Wohlwollen begegnen.
* Sie können stöhnen über den Weihnachtsstress *oder* sich freuen an der wahren Bedeutung von Weihnachten.
* Sie können sich begeistern über die Geschenke, die im Einkaufszentrum zu finden sind, *oder* an den unersetzbaren Gaben Gottes erfreuen.
* Sie können jammern über den Stress am Arbeitsplatz *oder* froh sein, dass Sie noch Arbeit haben.
* Sie können teure Geschenke wertachten *oder* Gottes Werte neu schätzen lernen.
* Sie können am Heiligabend für Frieden auf Erden beten *oder* Gott täglich um seinen Frieden in Ihrem Herzen bitten.

Die Bibel bringt es auf den Punkt: „Ehre und Herrlichkeit Gott in der Höhe und Frieden den Menschen im Land, auf denen sein Gefallen ruht" (Lukas 2,14; NeÜ).

Ausschlaggebend für Ihr Weihnachtserlebnis ist eine persönliche Beziehung zu dem Kind in der Krippe. Das hat sich seit über 2000 Jahren nicht geändert.

51

Standortbestimmung

Jedes Jahr schärft der 31. Dezember unser Bewusstsein dafür, dass sich die Zeiger auf der Uhr unseres Lebens wieder ein Stück nach vorne geschoben haben. Die meisten Menschen halten an diesem Tag mehr oder weniger kurz inne, um eine Standortbestimmung vorzunehmen: Wie war das vergangene Jahr? Habe ich gute Gelegenheiten wahrgenommen oder ist das Leben an mir vorbeigelaufen? Denn uns ist klar, dass wir die Sanduhr unseres Lebens nicht einfach neu auf den Kopf stellen können – vergangene Zeit ist verflossene Zeit. Dietrich Bonhoeffer hat es so beschrieben: „Da die Zeit das kostbarste, weil unwiederbringlichste Gut ist, über das wir verfügen, beunruhigt uns bei jedem Rückblick der Gedanke etwa verlorener Zeit."[1]

Auf dem Schreibtisch eines Mitarbeiters steht ein Kunststoffwürfel, auf dem ein Werbeslogan der Lufthansa eingelassen ist: „Ziele findet man nicht, man setzt sie sich." Auf der Suche nach den richtigen Zielen für unser Leben helfen uns einige wichtige Schritte:

---

[1] Dietrich Bonhoeffer: Widerstand und Ergebung. Briefe und Aufzeichnungen aus der Haft, Gütersloh: Gütersloher Verlagshaus ¹⁹2008, S. 9.

1. *Zu dem gehen, der mein Leben kennt.* Gott kennt uns und möchte uns leiten. Und wer könnte uns besser helfen, in dem Meer der Möglichkeiten zwischen dringlichen und wichtigen Dingen zu unterscheiden, als der, der versprochen hat: „Mein Auge wird ruhen auf dir" (Psalm 32,8; NeÜ)?

2. *Weniger ist mehr.* Nicht alles, was möglich ist, müssen wir uns deshalb gleich „ans Bein binden". Wer sich von Gott führen lässt, wird nicht zu kurz kommen oder etwas Entscheidendes verpassen. Mit großer Gelassenheit kann man dann auch einmal „Nein" sagen.

3. *Grundsätzliche Entscheidungen treffen.* Eine grundsätzlich getroffene Entscheidung müssen wir nicht immer wieder neu fällen. Wir können uns daran halten, ohne viel Zeit in Abwägen und Bedenken zu investieren.

4. *Blick nach hinten.* Von Zeit zu Zeit sollten wir einen prüfenden Blick auf die Spuren werfen, die unser Leben hinterlässt. Unsere zwischenmenschlichen Beziehungen haben stets zwei Seiten: Einerseits orientieren wir uns an anderen Menschen, aber Menschen orientieren sich auch an unserem Leben. Und was uns bewegt, bewegt unser Leben. Dietrich Bonhoeffer schreibt weiter: „Verloren wäre die Zeit, in der wir nicht als Menschen gelebt, Erfahrungen gemacht, gelernt, geschaffen, genossen und gelitten hätten.

Verlorene Zeit ist unausgefüllte, leere Zeit."[2] Unausgefüllte, leere Zeit ist verlorene Zeit. Doch da, wo ein Mensch seine Zeit bewusst in Gottes Hände legt, wird dieser sie füllen. Er tut dies unseren Gaben und Aufgaben entsprechend, berücksichtigt dabei unsere Vorlieben und ergänzt unsere Schwachpunkte.

Eine Krankheit unserer Zeit ist laut Karlheinz A. Geißler, Professor für Wirtschaftspädagogik in München, „die Versofortigung des Zukünftigen". Stets treibt uns die Angst, etwas im Leben zu verpassen. Jesus Christus aber sagt, dass er „der Weg und die Wahrheit und das Leben" ist (Johannes 14,6). Da, wo ein Mensch ihm und seinem Wort vertraut, weiß er, dass Gott selbst ihn führt und er darum nichts Wichtiges verpassen wird. Er kann gelassen in die Zukunft blicken.

---

[2]   Bonhoeffer, Widerstand und Ergebung, S. 9.

52

Viel Erfolg im neuen Jahr!

....

Das ist ein Wunsch, den man zum Jahreswechsel häufig hört. Denn wir lieben ihn – den Erfolg. Unwiderstehlich angezogen verschlingt unsere Gesellschaft den köstlichen Geschmack des Erfolgs. Wir füllen unsere Teller vom Bücher-Büfett mit Titeln von „Erfolgreich kleiden" bis hin zu „Erfolgreich investieren". Und wenn wir sie verdaut haben, richten wir unseren Appetit auf teure, erfolgsorientierte Seminare. Nach und nach stillen wir unseren Hunger nach mehr Erfolg mit Notizheften, CDs und DVDs.

Die Ironie daran ist, dass Erfolg noch niemanden wirklich glücklich gemacht hat. Statt echter Erfüllung erleben wir, dass wir nur von uns selbst erfüllt sind – von unseren Wünschen, Zielen, Plänen, Projekten und Leistungen. Das Ergebnis unseres endlosen Appetits ist nicht Zufriedenheit, sondern Verdruss, seelische Fettleibigkeit. Wie unbefriedigend. Wenn es uns schlecht geht, dann brauchen wir keinen Nachschlag mehr, sondern Erleichterung. Leider sagt uns aber kaum jemand, wann es genug ist. Also arbeiten wir immer mehr und genießen immer weniger. Wir denken: Um erfolgreich zu sein, müssen wir ...

* viel Geld verdienen,
* der Öffentlichkeit bekannt sein,

* viel Respekt erwarten und verlangen,
* alles tun können, was uns gefällt.

Das vermitteln uns zumindest die Medien. Eigentlich ist Erfolg aber eher eine überraschende Entdeckungsreise als eine Jagd nach Zielen. Gottes altbewährter Plan für Erfolg sieht nämlich ganz anders aus. Seine einfache, aber sehr gesegnete Strategie für einen erfolgreichen Lebensstil lautet:

* *„Seid demütig und hört kontinuierlich auf den Rat weiser Menschen."* Statt stolzer Unabhängigkeit sollten wir Erfahrungen anderer schätzen und Korrektur annehmen.
* *„Seid demütig und lasst euch von Gott führen."* Wir sollten Gottes Zeitplan und sein Tempo akzeptieren, damit wir zur rechten Zeit Erfolg erleben.
* *„Seid demütig und überlasst Gott all eure Sorgen, denn er sorgt für uns."* Ob wir uns um Menschen, Eigentum, Geld oder uns selbst Sorgen machen – wir können diese Sorgen im Gebet an Gott abgeben.

Wer sich auf diese „göttliche" Erfolgsstrategie einlässt, erlebt Gottes Liebe und Gnade. Wie zum Beispiel David, ein junger Musiker, der die Schafe seines Vaters auf den Hügeln Judäas hütete. Er war ein Autodidakt, ein begnadeter Musiker. Er hat nicht versucht, sich damit einen Namen zu machen, sondern sang für die Schafe. Er hatte keine Ahnung, dass seine Lieder eines Tages zu den Psalmen der Bibel gehören und Millionen von Menschen trösten würden. David hatte nicht nach

Erfolg gejagt. Er vertraute sich einfach Gott an. Und Gott schenkte ihm die höchste Position im Land: Er wurde der Hirte einer ganzen Nation.

Wir müssen uns also nicht selbst befördern. Wenn wir gut sind und wenn Gott uns gebrauchen will, dann wird man uns finden. Gott wird uns befördern. Das ist Erfolg, der glücklich und zufrieden macht.

Wilfried Schulte (Jahrgang 1955) Evangelist, Publizist und Fernsehmoderator lebt mit seiner Frau Doris im Westerwald. Er war bis 2020 als Missionsdirektor in der Leitung des Missions- und Bildungswerk NEUES LEBEN e.V., ist Buchautor und Herausgeber des Magazins NEUES LEBEN und ist heute als medienschaffender Evangelist für NEUES LEBEN tätig.

Doris Schulte (Jahrgang 1956) geboren und aufgewachsen in Kanada, hat zusammen mit Wilfried zwei Söhne und fünf Enkel und ist seit 1985 im Westerwald zuhause. Sie arbeitet bei dem Missions- und Bildungswerk NEUES LEBEN e.V. als Evangelistin und Referentin bei Frühstückstreffen, Freizeiten und Seminaren. Sie ist Buchautorin und in den TV-Sendereihen **Emmaus, Kawohl Augenblicke** und **So lebt sich's gut** bei Bibel-TV zu sehen.